Acteurs de prévention

2e BAC PRO

Prévention Santé Environnement

PSE

Nouveau programme 2019

Jérôme Boutin

Nathan
TECHNIQUE

DES RESSOURCES COMPLÉMENTAIRES

Elles sont repérées par ce logo :

Comment faire ? C'est facile !

1 **Téléchargez l'application gratuite Nathan Live !**, disponible dans l'**AppStore** et **GooglePlay** sur votre smartphone ou votre tablette.

2 **Ouvrez** l'application. **Scannez une page avec le logo Nathan Live !**. La liste des ressources complémentaires de la page apparaît (vidéos, animations, QCM...). Cliquez sur celle qui vous intéresse.

L'application nécessite une connexion Internet.

Édition : Florence Terrasse
Fabrication : Christine Aubert
Conception couverture : Vincent Rioult
Conception maquette : Graph'M/Aude Paradis
Mise en pages : Ghislaine Geneslay, Jean-Jacques Galmiche

ISBN : 978-2-09-165495-9

Sommaire

1 Le système de santé

SITUATION Actualité

En mars 2018, le gouvernement français a présenté le Plan national de santé publique, qui vise à permettre aux Français de vivre en bonne santé tout au long de leur vie.
Axé sur la prévention et la lutte contre les inégalités de santé, ce plan propose de nombreuses mesures dans différents domaines de la santé.
Il tient compte de tout ce qui peut avoir une incidence positive ou négative sur l'état de santé de la personne : lutte contre les addictions, éducation, sport, dépistage, vaccination, qualité de l'air, etc. Il concerne aussi toutes les étapes de la vie parce que les risques et les environnements changent avec le temps.
Ce plan comporte 25 grandes mesures adaptées aux différents âges de la vie.
Pour les plus jeunes, par exemple, deux grandes mesures sont proposées :
– prévenir les risques auditifs chez les jeunes avec le lancement d'une campagne nationale de sensibilisation et repérage des troubles auditifs chez les 15-16 ans ;
– expérimenter pour les moins de 25 ans le « Pass préservatif », une carte donnant un accès gratuit à des préservatifs.

Analyse de la situation

1 Identifier les différents éléments de la situation en complétant le tableau.

QUI ? Qui est concerné dans la situation ?	
QUOI ? Quel est le thème de cette actualité ?	
QUAND De quand date cette actualité ?	
POURQUOI ? Quel est l'objectif fixé par le gouvernement français ?	

2 Formuler la problématique de la situation à partir de votre analyse précédente.

....

....

Activité 1 La santé et les facteurs l'influençant

OBJECTIF : Repérer les effets des facteurs internes et externes sur la santé d'un individu.

Lire le DOC.A et répondre aux questions.

DOC.A Le concept de santé

Organisation mondiale de la Santé

Selon l'Organisation Mondiale de la Santé (OMS), la santé est « un état de complet bien-être physique, mental et social, et ne consiste pas seulement en l'absence de maladie ou d'infirmité ». Cette conception de la santé sous-entend que toute entrave à l'épanouissement des capacités physiques, mentales et sociales d'un individu peut entraîner une altération de sa santé.

1 **Indiquer, dans chacun des cas suivants, et en vous appuyant sur la définition du concept de santé, si les individus peuvent être considérés en bon état de santé.**

Cas 1 : Margaux vient de déménager. Sans maladie particulière, elle arrive dans un nouvel établissement scolaire, où elle ne connaît personne.

Est-elle dans un bon état de santé ? ☐ OUI ☐ NON

Cas 2 : Chloé, mariée, 2 enfants, travaille dans un secteur professionnel qui lui plaît. Dernièrement, elle a perdu son emploi suite à des licenciements économiques.

Est-elle dans un bon état de santé ? ☐ OUI ☐ NON

2 **Compléter le schéma ci-dessous en proposant un exemple concret qui procure chacun des types de bien-être.**

Bien-être physique (Être bien dans son corps)	**Bien-être mental** (Être « bien dans sa tête »)	**Bien-être social** (Être bien avec les autres)
↓	↓	↓
....	....	....

Observer le DOC.B et répondre aux questions.

DOC.B Les facteurs qui influencent notre santé

Chacun naît avec un capital santé déterminé par des facteurs internes (génétiques) et qui va être influencé par des facteurs externes (environnement, habitudes de vie) :

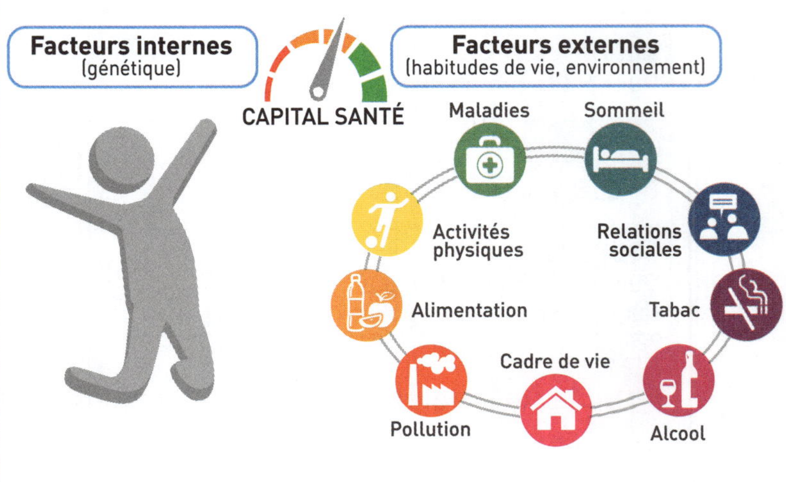

3 Compléter le tableau suivant sur les facteurs qui influencent notre capital santé.

Facteurs	Facteurs	
	....	....
C'est ce que nous avons en nous depuis notre naissance.	C'est que nous faisons.	C'est ce qui nous entoure.
Ex. : les maladies génétiques.	Ex. :	Ex. : ....

4 Choisir un des exemples du tableau précédent et expliquer en quoi il peut améliorer ou dégrader notre capital santé.

- Exemple choisi : ....

....

....

5 Indiquer, parmi tous les facteurs de santé, celui sur lequel il est plus facile d'agir afin de préserver notre capital santé.

....

....

6 Préciser, dans chacun des cas suivants, le ou les facteurs qui peuvent influencer la santé des individus, puis les effets possibles sur le capital santé.

Cas 1 : Jules, 17 ans, vient d'arriver dans un nouveau lycée. Il ne connaît personne et mange seul au fast-food régulièrement. L'après-midi, il a du mal à se remettre au travail, il se sent mou et fatigué. Il constate dernièrement qu'il a pris quelques kilos.

➤ Facteurs qui influencent la santé de Jules :

....

➤ Il s'agit de facteurs : ☐ externes. ☐ internes.

Effets possibles sur le capital santé : ....

Cas 2 : Candice travaille comme caissière depuis 6 mois. Elle trouve ce métier très stressant, notamment quand elle a une caisse près des courants d'air ou lorsque l'affluence est la plus importante. Souffrant depuis son adolescence d'une scoliose, elle souffre en fin de journée de douleurs dans le bas du dos du fait d'être resté assise toute la journée.

➤ Facteurs qui influencent la santé de Candice :

....

➤ Il s'agit de facteurs : ☐ externes. ☐ internes.

Effets possibles sur le capital santé : ....

Activité 2 Les plans santé

OBJECTIF : Identifier les enjeux dans un plan santé.

Lire le DOC.C et répondre aux questions.

DOC.C Les plans santé

Les plans santé sont des programmes établis sur plusieurs années par l'État (généralement sur 5 ans). Ils visent à mieux protéger la santé des individus, notamment en informant le public et en mettant en place des actions de prévention. Il existe de nombreux plans santé : plan santé au travail, plan national santé environnement, etc.

Parmi eux, le plan sport, appelé « stratégie nationale Sport Santé », pour la période 2019-2024 s'inscrit directement dans les orientations du Plan national de santé publique. Son ambition est d'améliorer l'état de santé de la population en favorisant l'activité physique et sportive de chacun, au quotidien, avec ou sans pathologie, à tous les moments de la vie.

Ce projet s'articule autour de 4 axes :

- la promotion de la santé et du bien-être par l'activité physique et sportive ;
- le développement et le recours à l'activité physique adaptée à visée thérapeutique ;
- la protection de la santé des sportifs, notamment en matière de sécurité ;
- le renforcement des connaissances et leur diffusion.

Quelques actions parmi les nombreuses mesures de ce plan :

- promouvoir les activités sportives *via* des campagnes de communication (notamment en milieu scolaire) ;
- développer des offres de pratiques ciblées pour tous les publics, et notamment l'expérimentation de classe « confiance & sport » dès la rentrée 2019 (cours le matin et sport l'après-midi) ;
- favoriser les mobilités actives au quotidien (marche et vélo) ;
- déployer des maisons « sport santé » sur l'ensemble du territoire...

1 Citer l'objectif des plans santé.

....

....

2 Indiquer l'enjeu de la stratégie Sport Santé.

....

3 Préciser quelle est la population visée par cette stratégie.

....

4 À l'aide des exemples, montrer que cette stratégie met en place des mesures collectives de prévention.

....

....

Activité 3

Le système de santé français

OBJECTIF : Expliquer le principe de solidarité nationale de la Sécurité sociale.

Lire le DOC.D et répondre aux questions.

DOC.D Sécurité sociale et Assurance Maladie

Les termes « Sécurité sociale » et « Assurance Maladie » sont souvent confondus. Ils ne sont pourtant pas synonymes. La Sécurité sociale est un système de protection collective, en vigueur depuis 1945, qui permet à chacun d'entre nous d'être assuré face aux conséquences des risques sociaux (maladies, maternité, retraite, accidents du travail, etc.).
L'Assurance Maladie, elle, n'est qu'une composante de la Sécurité sociale.
Le régime général de Sécurité sociale est organisé en 5 branches :

Sécurité sociale – l'Assurance Retraite

Branche « Retraite »

Elle verse les allocations retraite aux retraités.

Allocations familiales

Branche « Famille »

Elle verse les différentes prestations familiales liées aux enfants, au logement.

URSSAF

Branche « Recouvrement »

Elle collecte les cotisations sociales pour les redistribuer aux autres branches.

Sécurité sociale – l'Assurance Maladie

Branche « Maladie »

Elle assure la prise en charge des dépenses de santé.

Branche « Accidents du travail / Maladies professionnelles »

Elle gère et indemnise les risques professionnels des travailleurs.

Le régime général concerne 88 % de la population active. Il concerne les salariés du secteur privé, les artisans, les commerçants et les professions libérales.
Les agriculteurs, les fonctionnaires dépendent de régimes spéciaux.

1 **Nommer l'organisme qui assure contre les différents risques sociaux en France.**

....

2 **Proposer un exemple concret de prestations que peut verser chacune de ces 4 branches de la Sécurité sociale.**

- Branche « Maladie » : ....
- Branche « Retraite » : ....
- Branche « Accident du travail / Maladies professionnelles » : ....
  ....
- Branche « Famille » : ....

Lire le DOC.E et répondre aux questions.

DOC.E La solidarité nationale

La Sécurité sociale repose sur un principe de solidarité nationale qui signifie que chacun, au sein de notre société, participe à la protection de tous et chacun bénéficie de cette protection.

Le financement du système est assuré par :

– les cotisations des travailleurs (qui versent environ 15,9 % de leur salaire brut) ;

– les cotisations des employeurs (environ 29 % des salaires bruts versés) ;

– l'État, qui reverse une partie des impôts collectés.

Chacun participe au fonctionnement de ce système national de protection qui se renouvelle de génération en génération. C'est un système complet de solidarité, les générations se soutiennent entre elles, et aident aussi les autres générations.

Aujourd'hui, grâce à leurs cotisations, les bien-portants sont solidaires des malades, les personnes en âge de travailler sont solidaires des inactifs et des retraités.

Chaque personne qui contribue aujourd'hui (travailleurs, par exemple) est une personne que les plus jeunes aideront « demain » (au moment de sa retraite).

3 Expliquer le principe de solidarité nationale de la Sécurité sociale en utilisant le terme « générations solidaires ».

....

....

....

4 Préciser par quel moyen « les générations qui travaillent » sont solidaires.

....

....

5 Justifier l'intérêt du système de solidarité nationale.

....

ACTIVITÉ NUMÉRIQUE

• Regarder la vidéo « 3 minutes pour comprendre la Sécurité sociale » sur le site https://youtu.be/EMQ3fNyMxBE, et répondre aux questions.

1. Citer les 2 principaux éléments qui constituent le budget de la Sécurité sociale.

....

2. Expliquer la nouvelle problématique budgétaire de la Sécurité sociale.

....

....

Nathan live!

Activité 4 Le parcours de soins coordonnés

OBJECTIF : Présenter le principe et l'intérêt du parcours de soins coordonnés.

Lire le DOC.F et répondre aux questions.

DOC.F Le parcours de soins coordonnés

Chaque patient doit choisir un médecin traitant et le déclarer à la Sécurité sociale. Son rôle sera de déterminer, lors de la consultation, s'il est nécessaire d'orienter le malade vers un autre spécialiste : c'est le parcours de soins coordonnés.

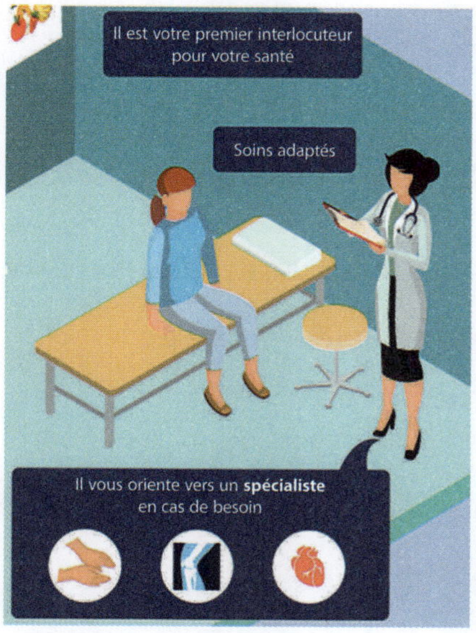

Une partie des frais de santé peut être prise en charge par une complémentaire santé appelée aussi « **mutuelle** ». Avec une mutuelle, et selon le niveau choisi, elle rembourse tout ou partie de ces frais.

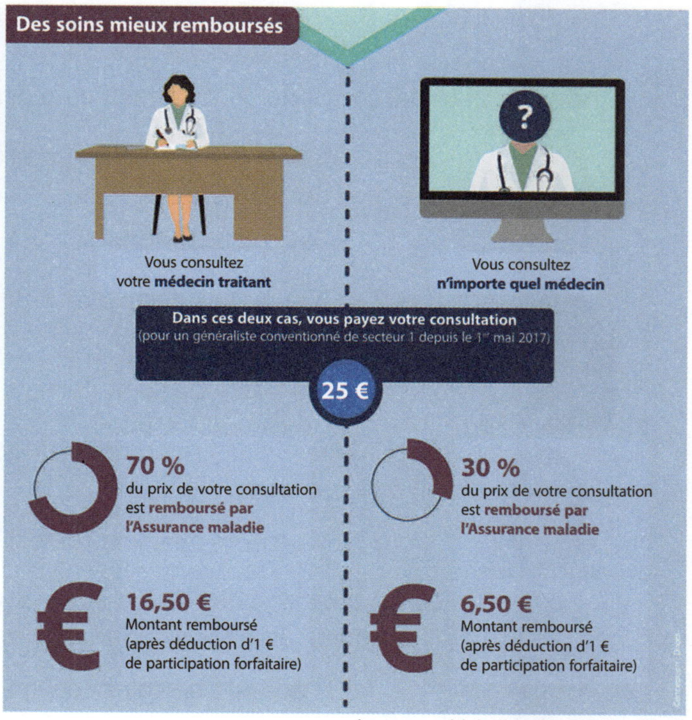

Assurance Maladie – Conception Dixxit

1 Expliquer l'intérêt de suivre le parcours de soins coordonnés.

....

....

2 Citer un autre moyen pour avoir un meilleur remboursement des frais de santé.

....

ACTIVITÉ NUMÉRIQUE

- Regarder la vidéo « [Décode-moi l'assurance santé] Le parcours de soins » sur le site : https://youtu.be/zdCBQeWlScQ, et répondre aux questions.

1. Expliquer brièvement à quoi correspond le parcours de soins.

....

....

2. Préciser si le parcours de soins s'applique rigoureusement dans tous les cas en justifiant par 2 exemples.

....

....

Lire le **DOC.G** et répondre à la question.

DOC.G Les exceptions du parcours de soins coordonnés

L'exception au parcours de soins permet au patient de consulter certains spécialistes en accès direct spécifique (sans passer par son médecin traitant). Ces consultations ne font alors pas l'objet d'une majoration. Voici les principaux cas particuliers :
- autre médecin généraliste si le médecin traitant déclaré est absent, que vous êtes en vacances, en cas d'urgence ;
- ophtalmologues ;
- dentistes ;
- gynécologues ;
- psychiatres et neuropsychiatres pour les patients âgés de 16 à 25 ans ;
- suivi d'un médecin spécialiste en cas de maladie chronique.

3 **Indiquer si le parcours de soins choisi est correct dans les cas suivants.**

Cas 1 : Stéphanie a des problèmes de peau. Elle décide d'aller directement chez son dermatologue.

☐ Parcours de soins correct ☐ Parcours de soins non correct

Cas 2 : En vacances, Théo a une gastro-entérite. Il décide d'aller voir le médecin le plus proche.

☐ Parcours de soins correct ☐ Parcours de soins non correct

Cas 3 : Angèle désire prendre la pilule. Elle décide de consulter directement un gynécologue.

☐ Parcours de soins correct ☐ Parcours de soins non correct

Cas 4 : Roger a des douleurs au niveau de la poitrine depuis quelques jours. Il décide de prendre directement rendez-vous avec un cardiologue.

☐ Parcours de soins correct ☐ Parcours de soins non correct

Lire le **DOC.H** et répondre aux questions.

DOC.H La carte vitale

Délivrable à partir de 16 ans, la carte Vitale permet d'être remboursé rapidement des frais de santé et d'éviter parfois l'avance de frais. Elle contient notamment notre identité, notre numéro de Sécurité sociale et nos droits en ce qui concerne les remboursements des frais de santé.

4 **Énumérer les 2 intérêts majeurs de la carte Vitale.**

....

5 **D'après votre expérience et la photographie, expliquer comment s'utilise la carte Vitale.**

....

....

Lire le DOC.1 et répondre aux questions.

DOC.1 Le DMP

Le Dossier Médical Partagé (DMP) est un carnet de santé numérique qui conserve et sécurise vos informations de santé [...].

Le DMP, qu'est-ce que c'est ?
Gratuit, confidentiel et sécurisé, le Dossier Médical Partagé conserve précieusement vos informations de santé en ligne. Il vous permet de les partager avec votre médecin traitant et tous les professionnels de santé qui vous prennent en charge, même à l'hôpital. Le DMP est le seul service qui vous permet de retrouver dans un même endroit :
- votre historique de soins des 24 derniers mois automatiquement alimenté par l'Assurance Maladie ;
- vos antécédents médicaux (pathologie, allergies...) ;
- vos résultats d'examens (radios, analyses biologiques...) ;
- vos comptes rendus d'hospitalisations [...].

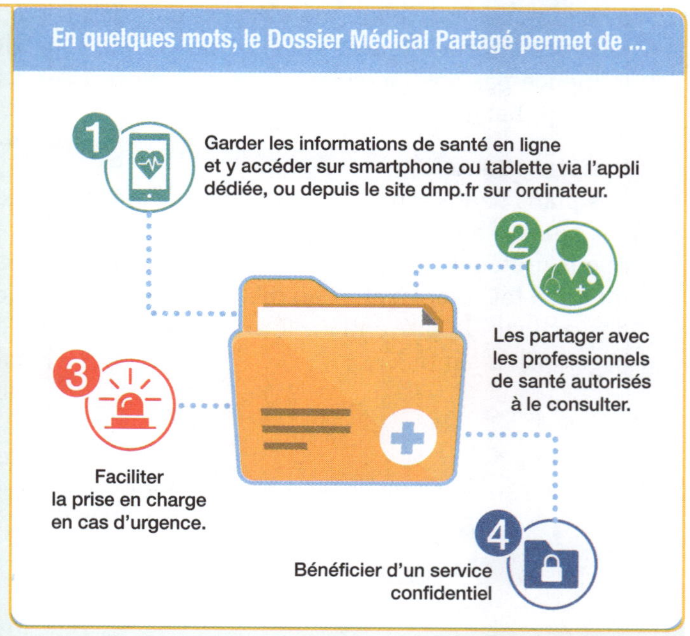

Assurance Maladie, www.dmp.fr

6 Expliquer brièvement à quel document papier le DMP ressemble.

....

7 Expliquer l'intérêt du DMP dans le cas suivant.

Baptiste a mal au genou. Son médecin traitant lui a prescrit une IRM. Suite à cet examen, Baptiste retourne chez son médecin traitant pour comprendre les résultats. Celui-ci lui prescrit des séances de kinésithérapie. Avant de faire les soins appropriés, le kinésithérapeute consulte aussi les résultats de l'IRM. À la fin des séances, Baptiste a encore mal, il retourne chez son médecin traitant...

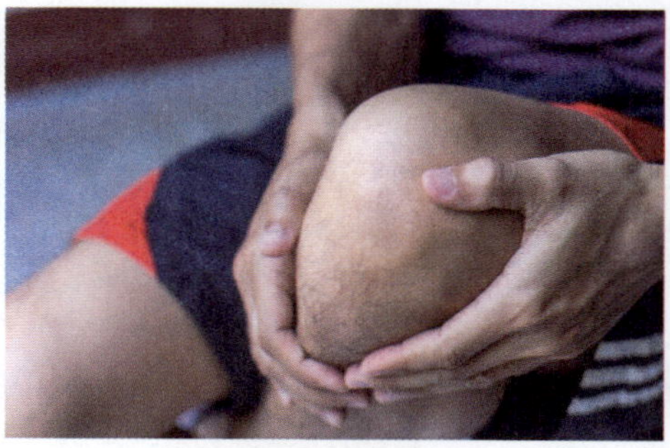

....

....

ACTIVITÉ NUMÉRIQUE

- Aller sur le site : https://www.dmp.fr/patient/je-decouvre
- Regarder la vidéo « Le DMP, qu'est-ce que c'est ? » et répondre aux questions.

1. Expliquer en quoi le DMP peut être utile dans les cas d'urgence.

....

....

2. Préciser où on peut ouvrir son DMP.

....

....

Aide-mémoire

Le système de santé

La santé et les facteurs l'influençant

La santé est un état de bien-être physique, mental et social. Chacun d'entre nous naît avec un capital santé déterminé par des facteurs internes (génétiques) et qui va être influencé par des facteurs externes (environnement, habitudes de vie).

Les plans santé

Les plans santé sont des programmes établis sur plusieurs années par l'État, qui cherche à mieux protéger la santé des Français, notamment en les informant et en mettant en place des actions de prévention. Il existe de nombreux plans santé.

Le système de santé français

La Sécurité sociale repose sur un principe de solidarité qui permet de protéger les personnes contre les différents risques de la vie. Chacun participe au financement selon ses moyens et bénéficie d'un soutien selon ses besoins dans différents domaines (santé, retraite, allocations familiales).

Le parcours de soins coordonnés

Le parcours de soins coordonnés permet au patient de choisir un médecin traitant qui pourra, si besoin lors de la consultation, l'orienter vers un autre spécialiste. En suivant ce système, le patient est mieux remboursé des frais de santé. La carte Vitale et le Dossier Médical Partagé sont des outils utilisés dans ce parcours de soins coordonnés.

Schéma-bilan

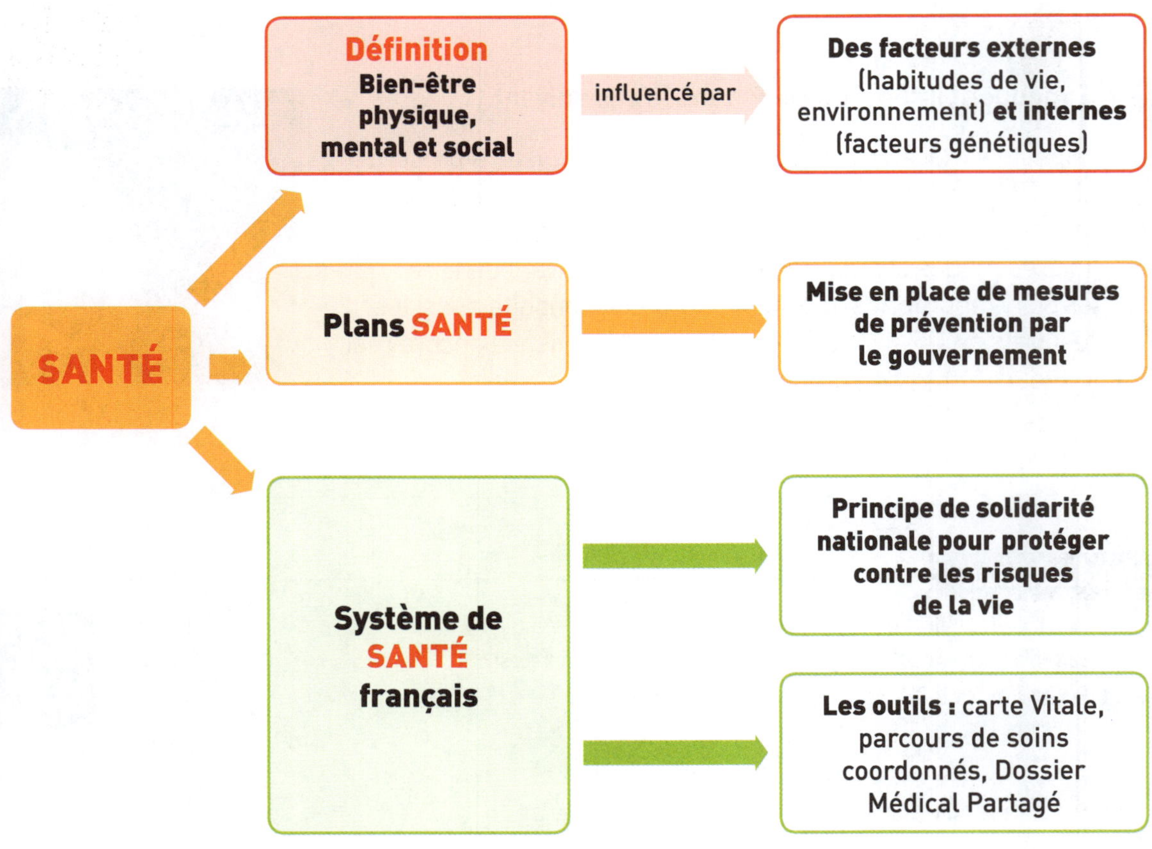

Évaluation

Nom : ……………………………………………………

Prénom : ……………………………………………………

Classe : ……………………………………………………

SITUATION

Abdel vit dans une famille très modeste. Après un cours de sport, il ressent des douleurs au genou droit et aurait besoin d'aller chez le médecin. Il n'ose pas en parler à ses parents car il a peur que les frais de santé soient trop importants pour eux. Plus les jours passent, plus Abdel a mal au genou. Désormais, il a des difficultés pour marcher.

1 – **Compléter le tableau suivant afin d'identifier les différents éléments de la situation.**

QUI ? Qui est la personne concernée ?	
QUAND ? Quand a lieu cette situation ?	
QUOI ? Quel est le problème dans cette situation ?	
POURQUOI ? Pourquoi la personne doit-elle réagir rapidement ?	

2 – **Yasmine, la sœur d'Abdel, lui explique comment fonctionne le parcours de soins coordonnés. À l'aide du schéma suivant, expliquer dans quel cas Abdel pourrait être amené à consulter un spécialiste pour son genou.**

……………………………………………………………………………………………………

……………………………………………………………………………………………………

3 – **Expliquer ce qu'il se passerait si Abdel allait voir n'importe quel autre médecin (sans passer par son médecin traitant).**

……………………………………………………………………………………………………

……………………………………………………………………………………………………

4 – **Yasmine explique aussi à son frère que les différentes consultations médicales sont remboursées par la Sécurité sociale, notamment grâce au système de solidarité. Expliquer pourquoi on peut dire que le système de santé français est un système solidaire.**

……………………………………………………………………………………………………

……………………………………………………………………………………………………

……………………………………………………………………………………………………

Évaluation

5 Abdel décide de parler de ses douleurs à ses parents, qui l'emmènent chez le médecin traitant. Lors de l'auscultation, le médecin constate qu'Abdel a des problèmes de croissance, tout comme ses frères et son père avant lui. Il constate aussi qu'Abdel se nourrit mal ; il est en surpoids, ce qui aggrave ses douleurs au genou. Enfin, le médecin apprend qu'Abdel n'a pu s'échauffer et s'étirer pendant sa séance de sport, son professeur ayant été pris par le temps...
Placer, sur le schéma suivant, les 3 facteurs qui déterminent la santé d'Abdel.

CAPITAL SANTÉ D'ABDEL

- Facteurs internes
  Ex. : ....
- Facteurs externes
  - Habitudes de vie
    Ex. : ....
  - Environnement
    Ex. : ....

6 Le soir même de son rendez-vous chez le médecin, Abdel trouve sur Internet des informations sur des plans santé.

Lire le **DOC.** et répondre aux questions.

DOC. 2 exemples de mesures dans des plans santé

Plan santé « Bien-être et santé des jeunes »

- Mise en place du « Pass Santé Jeunes » : forfait gratuit pour des consultations auprès de psychologues.
- Accès en ligne à des informations de santé et des adresses de lieux d'accueil de proximité pour les jeunes.

manger bouger – Programme National Nutrition Santé

- Favoriser une alimentation durable et responsable : produits bio, produits locaux, de saison, etc.
- Nouvelles recommandations alimentaires (message publicitaire).

7 Citer l'objectif de tout plan santé.

....

8 Indiquer les 2 thèmes généraux de ces 2 plans santé.

....

....

9 Énumérer les 2 types d'actions qui peuvent être effectués dans les plans santé.

....

....

2 Les rythmes biologiques – le sommeil

SITUATION Histoire de Lucas

En septembre, Lucas est arrivé dans un nouveau lycée. Ce changement est difficile pour lui. Le matin, il est obligé de se lever plus tôt pour prendre le bus scolaire et le soir, il rentre tard chez lui.
Tous les soirs, une fois qu'il a dîné et fait ses devoirs, il souhaite se détendre en jouant aux jeux vidéo ou en regardant des séries. Il est rare qu'il se couche avant 1h30. Il profite du week-end pour dormir toute la matinée. En semaine, son réveil sonne à 6h30 et Lucas a beaucoup de mal à se lever. Parfois, il se rendort et arrive en retard au lycée. Ses notes ne sont pas très brillantes, il a souvent du mal à se concentrer et se sent tout le temps fatigué. Lucas décide de réagir et essaie de se coucher vers 22h mais il n'arrive pas à s'endormir. Avec sa famille et ses amis, il est de plus en plus irritable et agressif.

Analyse de la situation

1 Identifier les différents éléments de la situation en complétant le tableau.

QUI ? Qui est concerné ?	
QUAND ? Depuis quand a lieu son problème ?	
QUOI ? Quel est son problème ?	
COMMENT ? Comment essaye-t-il de réagir ?	
POURQUOI ? Pourquoi doit-il réagir face à ce problème ?	

2 Formuler la problématique de la situation à partir de votre analyse précédente.

....

Activité 1 Les rythmes biologiques

OBJECTIF : Identifier la fréquence d'un rythme biologique.

Lire le DOC.A et répondre aux questions.

DOC.A Les biorythmes

- Les biorythmes, appelés aussi « rythmes biologiques », sont des variations régulières du fonctionnement de l'organisme qui se répètent dans le temps.
- Exemples de biorythme : digestion, sommeil, pression sanguine.
- La fréquence d'un biorythme (nombre de fois où il se répète en un temps donné) est différente selon les cas (pour le sommeil, elle est de 24 heures).

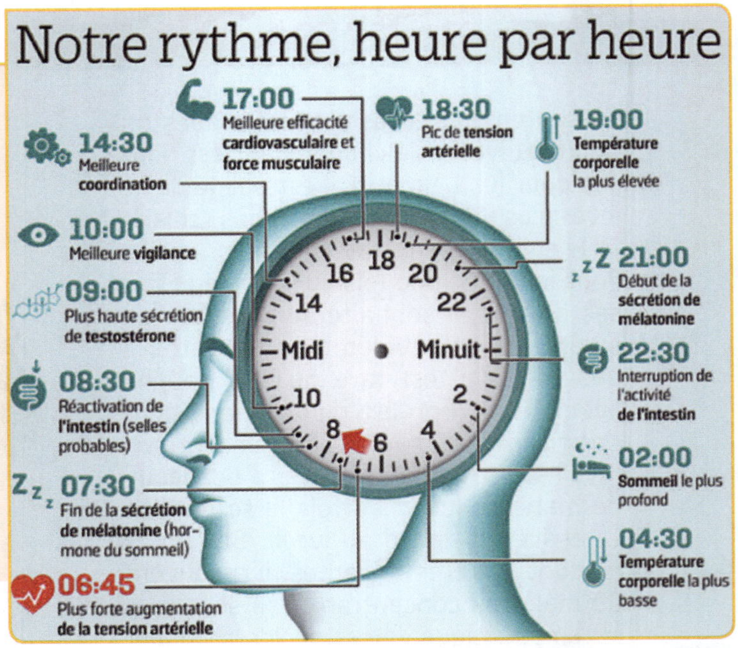

Ne déréglez pas votre horloge biologique – LP/infographie

1 À l'aide de la définition des rythmes biologiques, indiquer si les cas suivants sont des rythmes biologiques.

- Cœur qui bat — Rythme biologique ? ☐ OUI ☐ NON
- Les règles (ou menstruations) — Rythme biologique ? ☐ OUI ☐ NON
- Contracter les muscles — Rythme biologique ? ☐ OUI ☐ NON
- Inspirer ou expirer — Rythme biologique ? ☐ OUI ☐ NON

2 Justifier le fait que l'on dise que les rythmes biologiques ont un fonctionnement par cycle.

....

....

3 Préciser l'heure la plus adaptée pour les différents cas suivants.

- Faire du sport dans l'après-midi : ....
- Faire un travail intellectuel le matin : ....
- L'heure à ne pas dépasser pour dîner le soir : ....

4 Indiquer si tous les rythmes biologiques ont une fréquence de 24 heures en justifiant.

....

....

5 Entourer, sur le DOC.A, les fonctionnements de notre corps en lien avec le sommeil.

Lire le DOC.B et répondre aux questions.

DOC.B La fréquence des rythmes biologiques

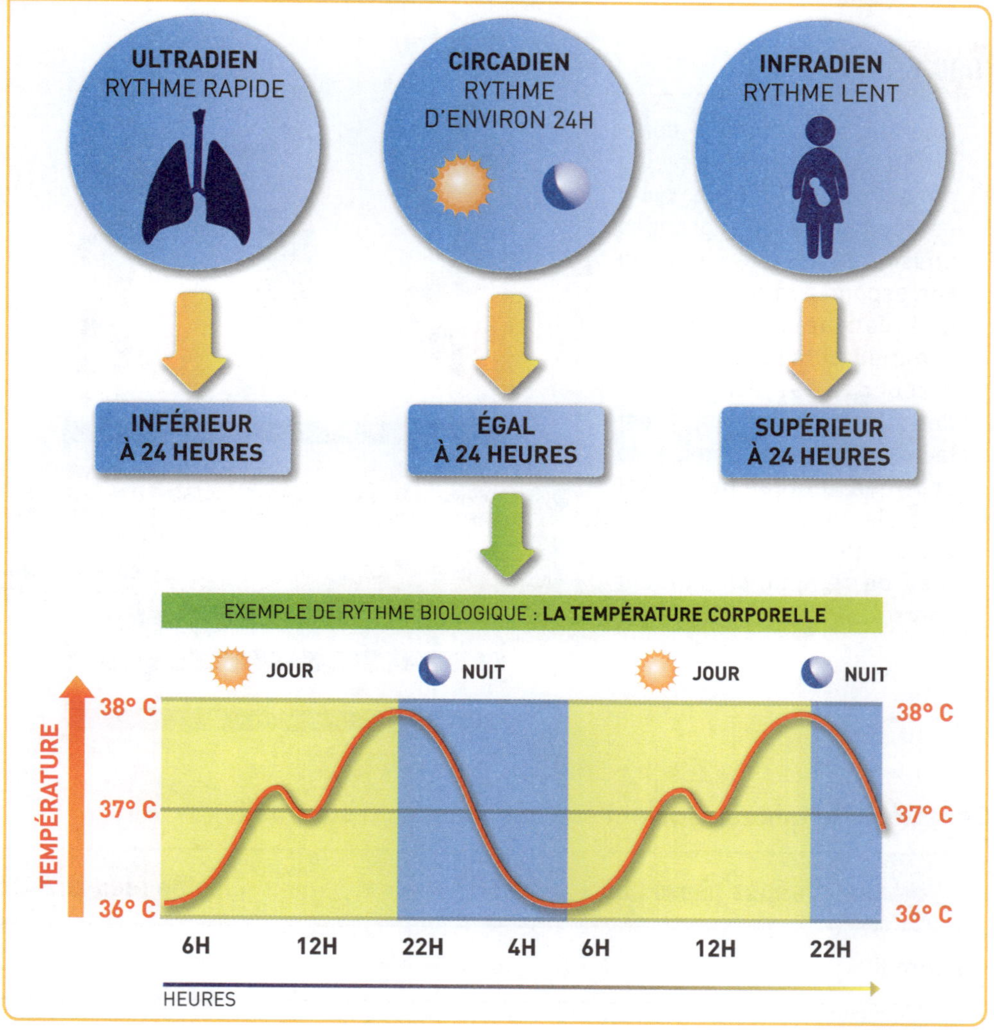

6 Proposer un exemple pour les rythmes biologiques suivants (autres que ceux du document). Vous pouvez vous aider du DOC.A et des exercices précédents.

- Rythme infradien : ....
- Rythme ultradien : ....
- Rythme circadien : ....

7 Identifier la fréquence du rythme biologique de la température corporelle et préciser à quel type de rythme elle correspond.

....

....

8 Identifier la fréquence de l'« hormone du sommeil » : la mélatonine (voir le DOC.A), et préciser à quel type de rythme elle correspond.

....

....

Activité 2 Le sommeil

OBJECTIF : Présenter les rôles des principales phases d'un cycle du sommeil.

Lire le DOC.C et répondre aux questions.

DOC.C Le sommeil

Une nuit « classique » comprend environ 4 à 5 cycles de sommeil. Chaque cycle se décompose en 2 grandes phases : le sommeil lent, qui correspond à la récupération de la fatigue physique, et le sommeil paradoxal, qui correspond à la récupération de la fatigue mentale. C'est la répétition des phases de sommeil lent et paradoxal lors de la succession des cycles qui permet au sommeil de remplir pleinement son rôle.

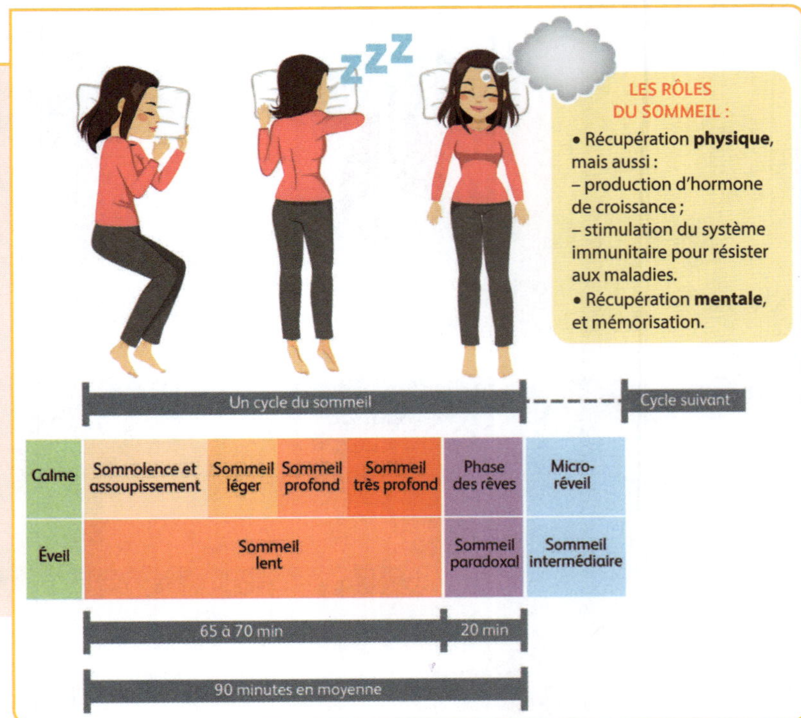

1 Compléter le tableau suivant sur les phases du sommeil.

Les 2 grandes phases du sommeil	Type de récupération
Sommeil	
Sommeil	

2 Expliquer, pour chacun des cas suivants, à quelle grande phase du sommeil ils correspondent.

- Sommeil profond : ……………………
- Sommeil très profond : ……………………
- Phase de rêves : ……………………
- Assoupissement : ……………………

3 À partir de la situation de Lucas, expliquer pourquoi son sommeil ne peut être « récupérateur ». Lucas se couche vers 1 h 30 et se lève vers 6 h 30.

……………………

……………………

……………………

……………………

4 Proposer, pour chacun des rôles du sommeil ci-dessous, une application concrète de votre vie de tous les jours.

Exemple : *Récupération physique → permet de diminuer la fatigue et les douleurs.*

- Production d'hormones de croissance → ……
- Stimulation du système immunitaire → ……
- Récupération mentale → ……
- Mémorisation → ……

5 À partir du DOC. D, commenter l'évolution du sommeil lent et paradoxal au cours de la nuit et expliquer les conséquences d'une nuit de sommeil courte.

DOC. D La composition des cycles de sommeil

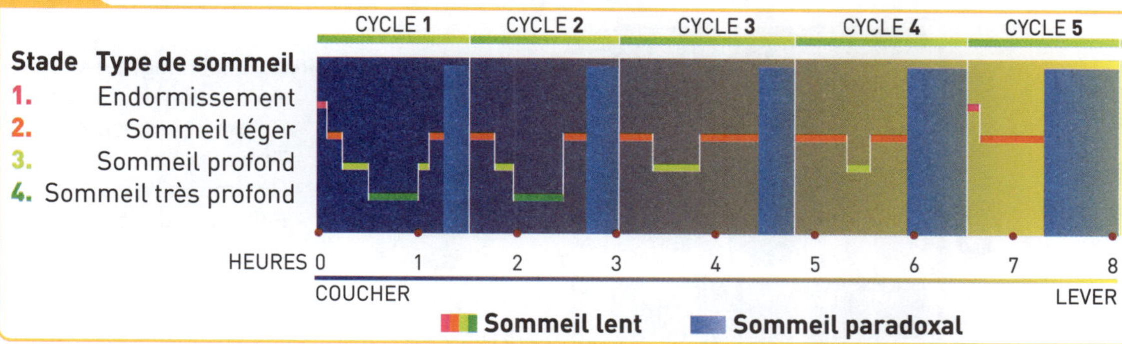

……

……

6 À partir du DOC. E, indiquer la durée de sommeil correspondant à votre âge et comparer à la vôtre.

……

……

……

……

……

……

DOC. E La composition des cycles de sommeil

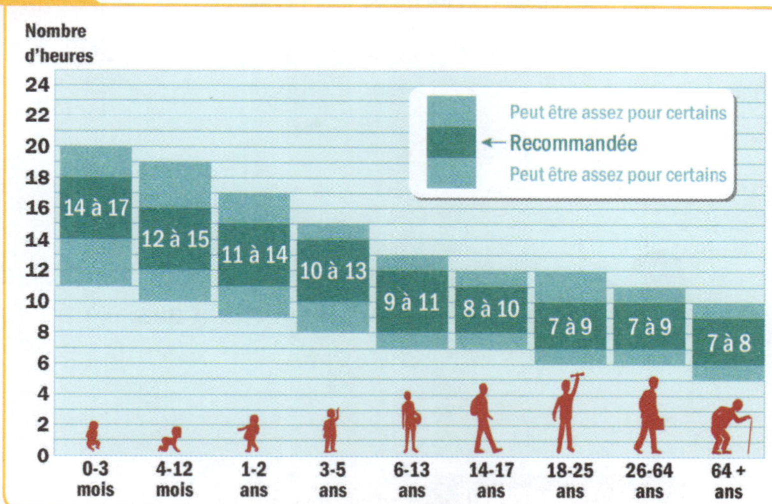

ACTIVITÉ NUMÉRIQUE

- **Aller sur le site :** https://www.sommeil.org/test-sur-le-sommeil-comment-tester-son-sommeil/
- **Réaliser les tests sur le sommeil pour :**
  - connaître votre profil de dormeur ;
  - savoir si vous souffrez de troubles du sommeil ;
  - connaître le niveau de qualité de votre sommeil ;
  - connaître votre niveau de vigilance et de somnolence pour définir votre manque de sommeil.

Activité 3 Les facteurs qui influencent les rythmes biologiques

OBJECTIF : Repérer les facteurs qui influencent les rythmes biologiques comme le sommeil.

Lire le DOC.F et répondre aux questions.

DOC.F Les facteurs influençant les rythmes biologiques

Nos biorythmes sont contrôlés par notre cerveau qui est « équipé » d'une horloge biologique interne réglée sur une durée proche de 24 heures. Chaque jour, cette horloge est remise à l'heure, notamment par l'intermédiaire de deux facteurs : l'alternance jour/nuit et notre rythme social.

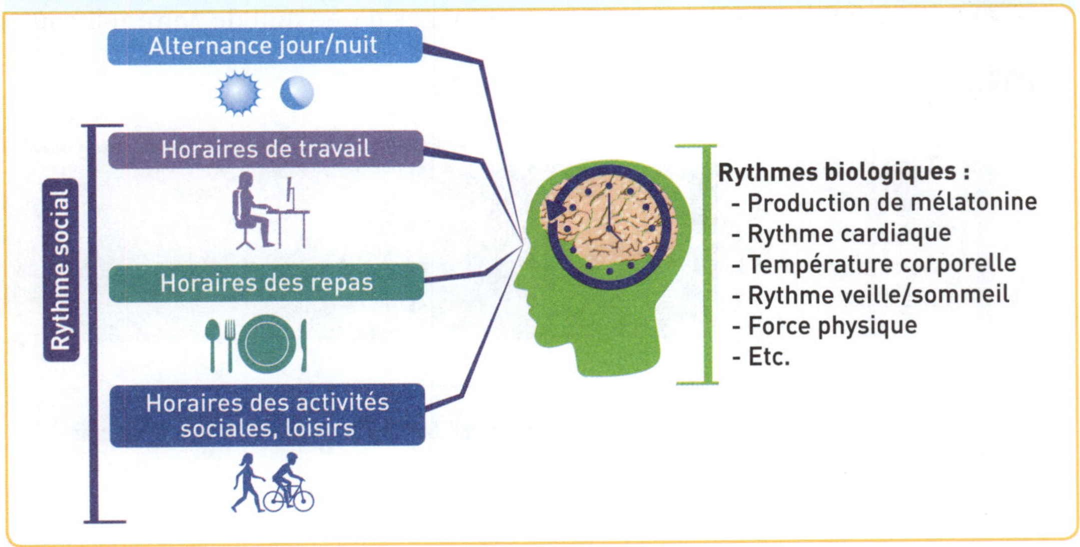

1 Expliquer, pour chacun des facteurs, comment il influence notre horloge biologique, comme dans l'exemple donné.

Exemple : *Horaires des repas → Les repas se prennent généralement à des heures régulières.*

- Horaires de travail → ....
- .... → ....
- .... → ....
- .... → ....

2 À partir de la situation (début du chapitre), donner le facteur principal qui influence le sommeil de Lucas en citant des exemples concrets.

....

....

ACTIVITÉ NUMÉRIQUE

- **Aller sur le site : https://dai.ly/x28zfhk**
- **Regarder la vidéo « L'impact inquiétant des écrans sur votre sommeil » et répondre aux questions :**

1. Expliquer brièvement ce qui nous empêche de dormir lorsque l'on regarde un écran.

....

2. Déduire les conséquences possibles pour un adolescent qui regarde l'écran d'une tablette ou d'un smartphone avant de s'endormir.

....

....

Activité 4 La désynchronisation des rythmes biologiques

OBJECTIF : Présenter les conséquences d'une désynchronisation des rythmes biologiques sur la santé, la vie sociale et professionnelle.

1 Indiquer si les rythmes biologiques des personnes suivantes sont désynchronisés (décalés) à cause du rythme imposé par leur travail.

MÉTIER – Boulanger

Martin est boulanger. Il doit se lever très tôt le matin pour prendre son petit-déjeuner et rentre chez lui vers 14 h. Souffrant de troubles digestifs importants, il ne déjeune pas avant 15 h 30 (heure à laquelle il a fini sa sieste).
Sa famille se plaint de le voir trop peu et constate qu'il est de plus en plus agressif le soir.
Il se sent fatigué, est victime d'endormissement et constate que son travail est de moins bonne qualité.

Les rythmes biologiques de Martin sont-ils désynchronisés ?
❑ OUI ❑ NON

MÉTIER – Peintre en bâtiment

Adèle est peintre en bâtiment. Le rythme imposé par son métier est très fatigant physiquement (elle a des horaires variables tous les jours et peu de pauses).
En fin de journée, sa production est moins bonne. Elle a récemment demandé une pause supplémentaire l'après-midi suite à un accident du travail dans la société où elle travaille.
Après sa visite médicale de reprise, le médecin lui apprend qu'elle a des problèmes cardiovasculaires ; il la trouve également particulièrement stressée.

Les rythmes biologiques d'Adèle sont-ils désynchronisés ?
❑ OUI ❑ NON

MÉTIER - Infographiste

Elsa est infographiste. Elle travaille sur un poste informatique pour réaliser des images graphiques et faire beaucoup de retouches photo. Elle n'aime pas beaucoup son travail car elle supporte de moins en moins de rester assise tout au long de la journée. Ses horaires sont 9 h-12 h et 13 h 30-17 h 30. Le soir vers 18 h, 3 fois par semaine, elle fait du rameur pour décompresser. Après sa séance, elle se sent fatiguée, mange et va généralement se coucher tôt (vers 22 h).

Les rythmes biologiques d'Elsa sont-ils désynchronisés ?
❑ OUI ❑ NON

2 Énumérer, à partir des cas précédents désynchronisés, l'ensemble des conséquences possibles de la désynchronisation des rythmes biologiques.

....

....

....

3 Déduire les 3 domaines sur lesquels la désynchronisation des rythmes biologiques peut se répercuter.

....

....

....

Activité 5 Le cas particulier du travail de nuit

OBJECTIF : Expliquer la réglementation appliquée au travail de nuit.

Lire le DOC.G et répondre aux questions.

DOC.G Le travail de nuit et sa réglementation

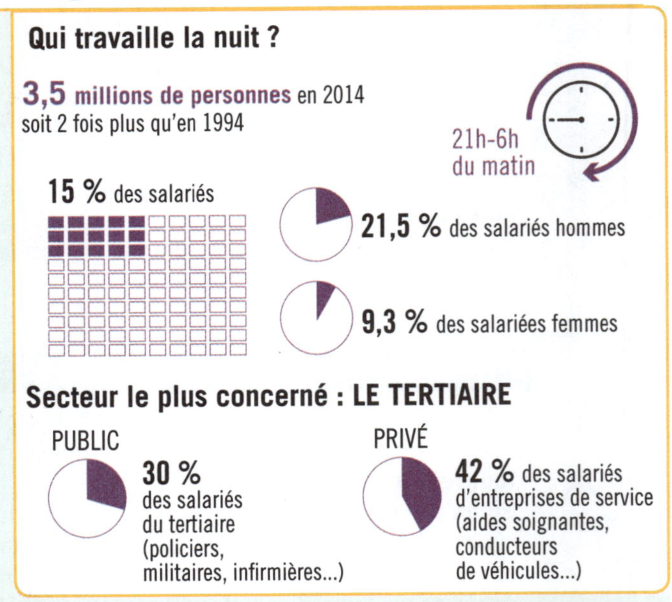

Tout travail effectué au cours d'une période d'au moins neuf heures consécutives comprenant l'intervalle entre minuit et 5 heures est considéré comme du travail de nuit. Généralement, la période de travail de nuit commence au plus tôt à 21 heures et s'achève au plus tard à 7 heures. Cependant, il existe de nombreux cas particuliers (travail dans la presse, spectacle, discothèque...) qui concernent par exemple la durée consécutive du travail de nuit ou encore les heures de services.
Dans ces cas, ce sont des accords collectifs qui réglementent ce travail de nuit. Pour être considéré comme travailleur de nuit, le salarié doit travailler avec une certaine régularité pendant ces périodes. Il bénéficie alors de différents droits et garanties : limitation de la durée du travail, repos obligatoire, accès prioritaire au travail de jour, suivi médical adapté, prise en compte des obligations familiales, approvisionnement du compte professionnel de prévention...
Le compte professionnel de prévention prend en compte des facteurs de risques professionnels (bruit, travail de nuit, températures extrêmes...) qui peuvent dégrader l'état de santé. Ce compte est alimenté en fonction des facteurs de risque auxquels le salarié est exposé et permet entre autres : d'obtenir une formation professionnelle pour s'orienter vers un emploi pas ou moins exposé, de passer à temps partiel, tout en conservant [sa] rémunération totale, ou encore de partir plus tôt à la retraite.

1 Préciser, pour les cas suivants, s'ils peuvent être considérés comme du travail de nuit.

- Usineur qui travaille de 21 h à 6 h — Travail de nuit ? ☐ OUI ☐ NON
- Employé de restauration qui travaille de 17 h à 00 h — Travail de nuit ? ☐ OUI ☐ NON
- Agent de sécurité qui travaille de 19 h 30 à 6 h 30 — Travail de nuit ? ☐ OUI ☐ NON

2 Expliquer pourquoi il existe une réglementation concernant le travail de nuit.

....

....

3 Surligner dans le DOC.G les garanties dont bénéficient les travailleurs de nuit.

4 Indiquer le type de salariés les plus concernés par le travail de nuit.

....

....

Activité 6 Pour améliorer la qualité du sommeil

OBJECTIF : Proposer des mesures pour améliorer la qualité du sommeil.

Lire le DOC.H et répondre aux questions.

DOC.H Des conseils pour améliorer son sommeil

1 Proposer des mesures pour améliorer le sommeil des 2 personnes citées dans les cas suivants, qui souffrent de problèmes de sommeil.

CAS 1. Le soir avant de s'endormir, Swan envoie des SMS à sa petite amie, qui lui répond. Cet échange peut durer jusqu'à minuit alors que le lendemain ils vont tous les deux au lycée.

- Mesure pour améliorer son sommeil : ....

....

....

CAS 2. Sophie n'aime pas avoir froid quand elle va se coucher alors, une heure avant, elle monte la température de sa chambre et prend un thé chaud.

- Mesure pour améliorer son sommeil : ....

....

....

2 Proposer 2 conseils à Lucas (situation de début de chapitre) afin qu'il ait un sommeil récupérateur.

....

....

Aide-mémoire

Les rythmes biologiques – le sommeil

Les rythmes biologiques

Les rythmes biologiques sont des variations régulières des fonctions de l'organisme qui se répètent dans le temps. Ils diffèrent selon leurs fréquences : rythme circadien (= 24 heures), infradien (> 24 heures) et ultradien (< 24 heures).

Le sommeil

Le sommeil est un de nos biorythmes. Il est composé de plusieurs cycles (de 90 minutes) qui se succèdent et comporte 2 grandes phases : le sommeil lent (qui permet la récupération physique) et le sommeil paradoxal (qui permet la récupération mentale).

Les horaires de travail, les repas, l'alternance jour/nuit ou encore les horaires des activités sociales sont des facteurs qui influencent le sommeil.

Il peut y avoir de nombreuses conséquences en cas de manque de sommeil : fatigue, endormissement, maladies cardio-vasculaires, moins bonne qualité du travail, accidents…

La désynchronisation

La désynchronisation des rythmes biologiques peut avoir des conséquences sur la santé (ex. : fatigue), la vie sociale (ex. : agressivité) et la vie professionnelle (ex. : accident du travail).

Le travail de nuit

Le travail de nuit est réglementé car il peut porter atteinte à la santé. En cas de travail de nuit, le salarié à des droits et des garanties (ex. : départ à la retraite anticipé).

Améliorer la qualité du sommeil

Il existe des mesures simples pour améliorer la qualité du sommeil : se coucher et se lever à des heures régulières, supprimer les écrans lumineux…

Schéma-bilan

RYTHMES BIOLOGIQUES

RYTHME ULTRADIEN
(fréquence < 24 h)
Exemple : la respiration

RYTHME INFRADIEN
(fréquence > 24 h)
Exemple : les règles

RYTHME CIRCADIEN
(fréquence = 24 h)
Exemple : le sommeil

Synchronisation possible grâce :

- Aux repas
- Au travail
- À la lumière
- Aux activités sociales

Si désynchronisation

- Fatigue
- Endormissement
- Diminution des performances
- Accidents…

Décomposé en :

- **SOMMEIL LENT :** récupération physique
- **SOMMEIL PARADOXAL :** récupération mentale

Évaluation

Nom : ....

Prénom : ....

Classe : ....

SITUATION

20 % des jeunes dorment en moyenne moins de 5 h par nuit alors qu'ils affirment avoir besoin de 8 à 9 h (ces chiffres changent beaucoup le week-end). Parmi les principaux facteurs responsables, on trouve les communications par SMS, les visites sur les réseaux sociaux, les jeux en ligne, les séries. Alors qu'ils s'estiment fatigués même pendant ces activités, ils déclarent souvent boire du café ou des boissons énergisantes pour « tenir le coup ».

D'après « Enquête pour la journée du sommeil », décembre 2017.

1 Compléter le diagramme de causes à effets avec les éléments de la situation.

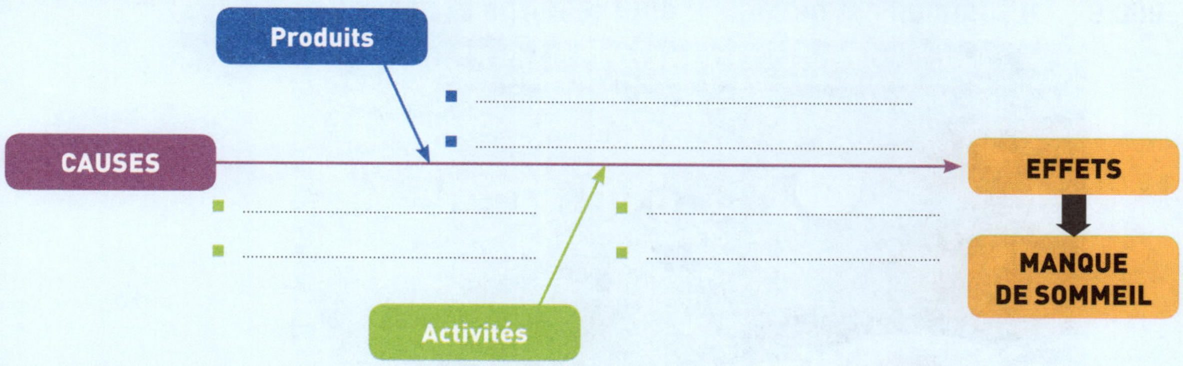

2 Proposer un commentaire sur la synchronisation des rythmes biologiques des adolescents de la situation.

....

Observer le DOC. A et répondre aux questions.

DOC. A Les effets possibles du manque de sommeil

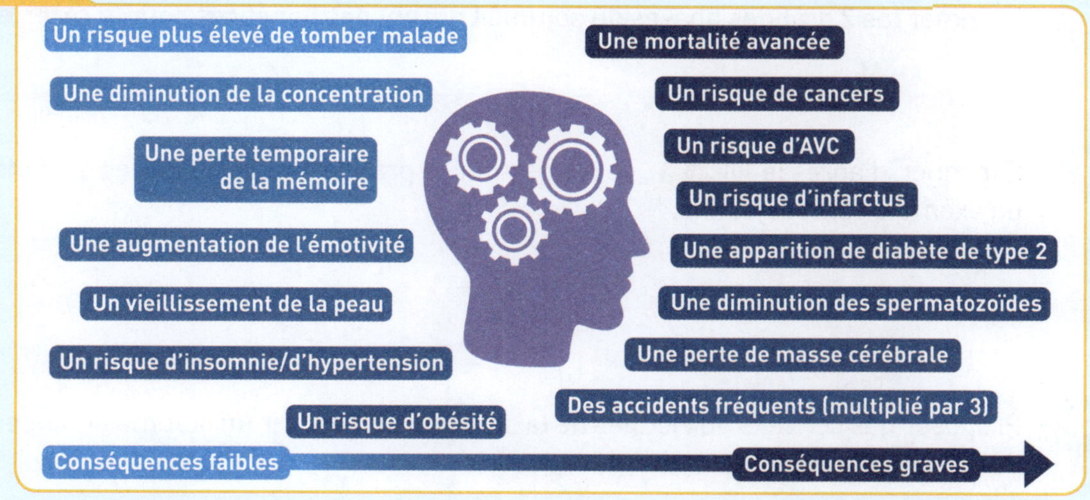

3 Indiquer les conséquences nuisibles d'un manque de sommeil pour la scolarité.

....

....

Évaluation

4 Expliquer comment les conséquences graves peuvent arriver suite à un manque de sommeil.

....

5 Donner la fréquence du rythme du sommeil et préciser le type de rythme biologique auquel il appartient.

....

Lire le DOC.B et répondre aux questions.

DOC.B Le sommeil est bénéfique pour le corps et l'esprit

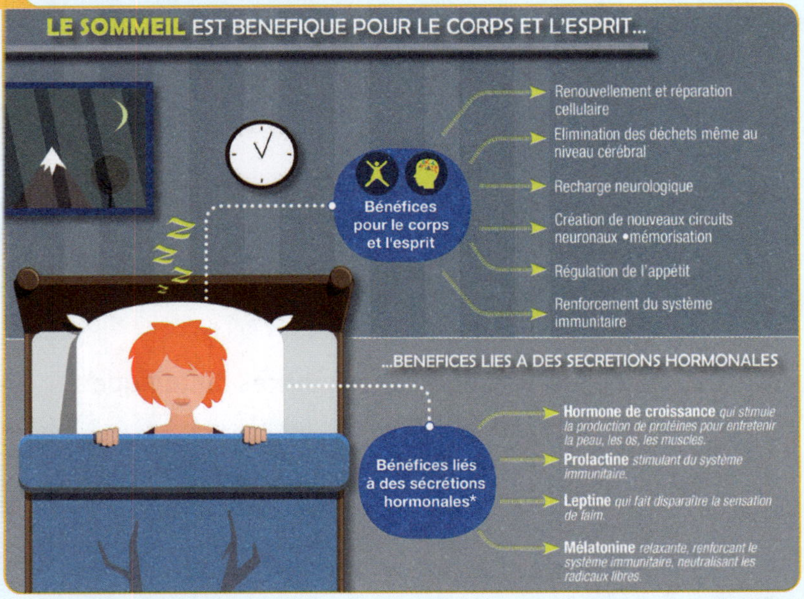

© Laboratoire Nutergia

* Sécrétions hormonales : production et libération de substances qui vont avoir une action spécifique dans l'organisme.

6 Nommer les 2 grandes phases du sommeil qui ont des bénéfices pour le corps et l'esprit.

....

7 Expliquer, d'après le DOC.B, ce qui permet de profiter de ces bénéfices en donnant un exemple concret justifié.

....

....

8 Proposer des conseils aux jeunes de la situation afin d'avoir un sommeil récupérateur en complétant le tableau suivant.

Ce qu'ils doivent supprimer	Ce qu'ils doivent mettre en place
-	-
-	-

3 L'activité physique

SITUATION Histoire de Joël

Joël joue au basket, sport pour lequel il a des qualités naturelles. Cependant, il n'aime pas faire d'efforts physiques, préférant marquer des paniers. Son entraîneur se plaint souvent de ne le voir que très peu à l'entraînement. Sa mère l'encourage à faire du sport mais Joël passe beaucoup de temps devant les jeux vidéo. De plus, Joël fournit le minimum d'efforts au quotidien : dès qu'il faut marcher, il demande à son père de l'emmener en voiture.
Dernièrement, l'entraîneur de Joël ne le fait plus jouer comme titulaire de son équipe de basket. Joël voit ses performances diminuer, il se sent fatigué de plus en plus rapidement sur un terrain.

Analyse de la situation

1 Identifier les éléments de la situation en complétant le diagramme de causes à effet.

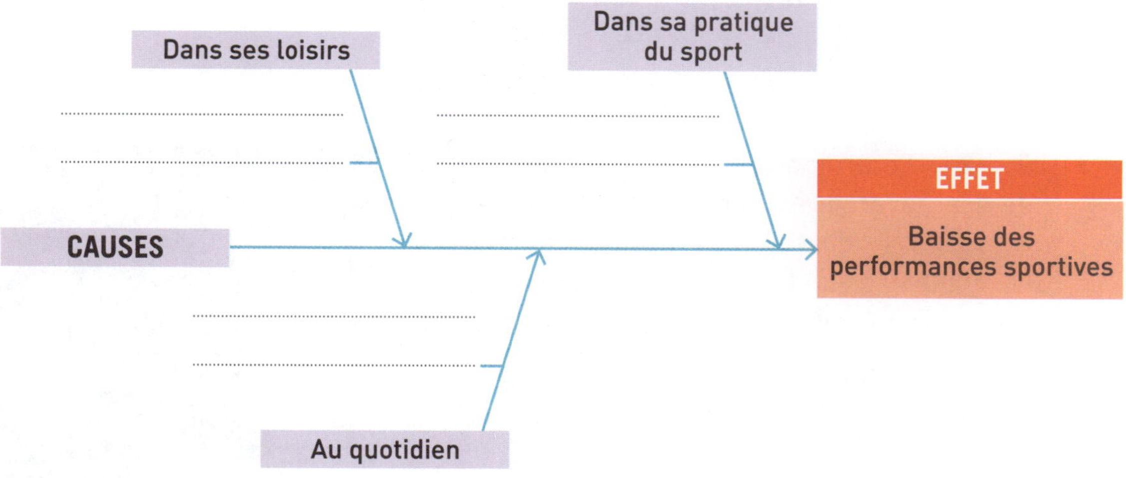

2 Formuler la problématique de la situation à partir de votre analyse précédente.

....

....

Activité 1

Le mouvement volontaire

OBJECTIF : Expliquer le mouvement volontaire à l'aide de la structure anatomique et des propriétés du muscle strié squelettique.

Lire le DOC.A et répondre aux questions.

DOC.A Le muscle et ses propriétés

La mobilité du corps et son maintien sont possibles grâce à l'intervention des muscles. 90 % des muscles de notre corps sont des muscles striés squelettiques (= muscles attachés au squelette) qui, par leurs propriétés et la présence des articulations, permettent de déplacer les parties mobiles du squelette et ainsi de faire des mouvements.
Les 4 propriétés des muscles striés squelettiques sont :
- l'**excitabilité** : les muscles réagissent à une stimulation en se contractant ;
- la **contractilité** : ils gonflent, durcissent et se raccourcissent sous l'effet d'une stimulation ;
- l'**élasticité** : ils reprennent leur forme initiale après la contraction ;
- la **tonicité** : c'est la propriété d'un muscle à être dans un état de tension même au repos (pour maintenir la posture = tonus musculaire).

1 **Indiquer le type de muscles impliqué dans la mobilité du corps (= le mouvement).**

....

2 **Préciser, pour les cas suivants, les propriétés des muscles impliquées.**

Cas 1 : Joël décide de se muscler les bras. Il fait des exercices de musculation avec des haltères, sollicitant alors les muscles de ses bras par des phases de contraction et de relâchement.

- Propriété des muscles sollicités lors de la contraction musculaire :

....

- Propriété des muscles sollicités lors du relâchement musculaire :

....

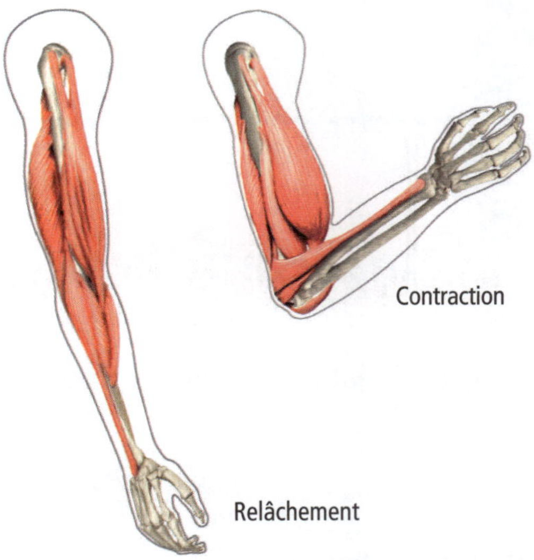

Cas 2 : à l'entraînement de basket, Joël voit un de ses adversaires approcher à toute vitesse vers lui en dribblant. Il prend alors une posture de défense pour l'empêcher de passer et de shooter au panier.

- Propriété des muscles sollicités lors de ce maintien de posture :

....

Lire le DOC.B et répondre aux questions.

DOC.B L'anatomie du muscle strié squelettique

Les muscles striés squelettiques sont constitués de cellules musculaires appelées « fibres musculaires ». Chaque fibre musculaire est délimitée par une membrane et entourée de tissu conjonctif. Elle se présente sous la forme d'un minuscule cylindre qui contient des vaisseaux, des nerfs et plusieurs petites fibres pouvant se contracter : les myofibrilles. Ces myofibrilles se contractent grâce à une impulsion électrique transmise par les nerfs (le message nerveux).

Les fibres musculaires sont regroupées dans des faisceaux de fibres qui sont rattachés à l'os par l'intermédiaire des tendons.

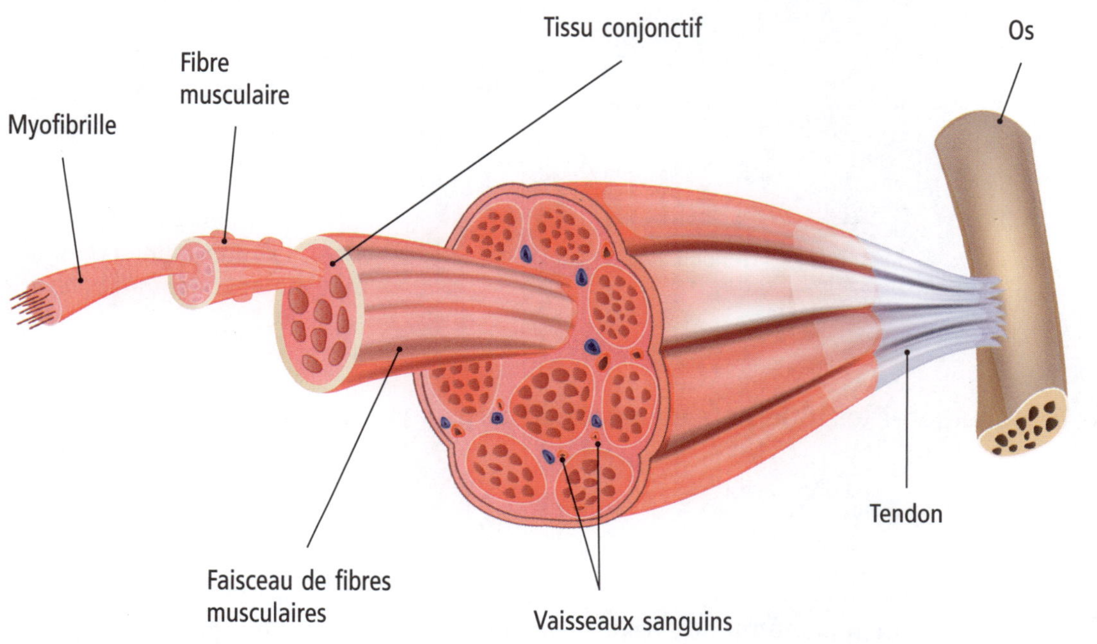

3 Expliquer ce qui déclenche la contraction musculaire.

....

....

....

4 Cocher la bonne réponse pour chaque question.

- Quels éléments du muscle ont la propriété de se contracter ?

  ☐ Les faisceaux de fibres musculaires ☐ Les vaisseaux sanguins ☐ Les myofibrilles

- Quel élément rattache le muscle à l'os ?

  ☐ Le ligament ☐ Le tendon ☐ Le faisceau de fibres

- De quels éléments est constitué le faisceau de fibres ?

  ☐ De muscles ☐ De tissus conjonctifs ☐ De fibres musculaires

- Quels éléments sont composés de plusieurs myofibrilles ?

  ☐ Les tendons ☐ Les nerfs et les vaisseaux sanguins ☐ Les fibres musculaires

Lire le DOC.C et répondre aux questions.

DOC.C Le mouvement volontaire

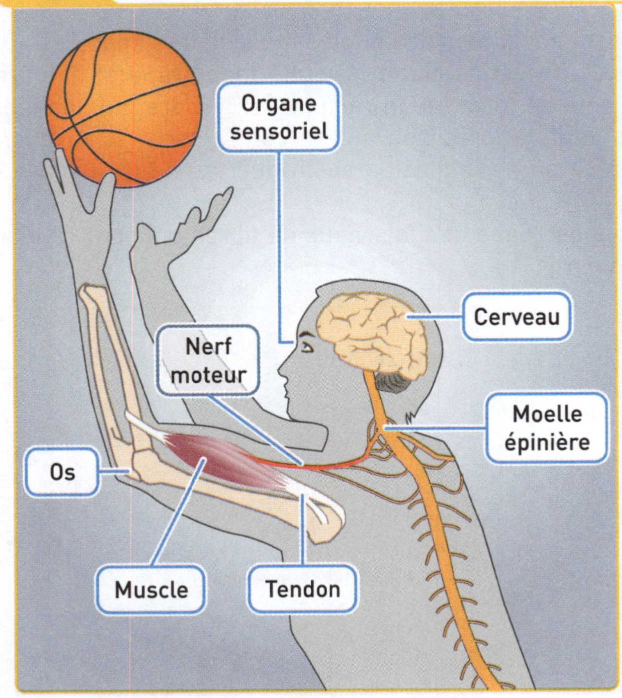

La commande d'un mouvement volontaire est assurée par le système nerveux (cerveau, moelle épinière et nerfs) qui met en relation les organes sensoriels et les muscles.

Les organes sensoriels (par exemple, les yeux, les oreilles) reçoivent les stimulations de l'environnement et transmettent un message jusqu'au cerveau par les nerfs sensitifs. Le cerveau traite l'information reçue et envoie une réponse par la moelle épinière. Celle-ci transmet des messages nerveux aux muscles par l'intermédiaire des nerfs moteurs. Une fois arrivé au muscle, le message nerveux entraîne sa contraction en stimulant les fibres musculaires. Ainsi, le mouvement volontaire est un mouvement « commandé » par notre cerveau.

5 **Énumérer les différents éléments du corps impliqués lors d'un mouvement volontaire.**

....

....

6 **Compléter le schéma du DOC.C par une flèche en rouge qui part de ce qui commande le mouvement volontaire pour arriver à l'organe qui effectue la contraction musculaire.**

7 **Compléter le schéma suivant sur le mouvement volontaire avec les termes suivants :**
Nerf moteur – Moelle épinière – Fibre musculaire – Cerveau – Message nerveux

.... ⇨	.... ⇨	.... ⇨	.... ⇩

⇨ .... CONTRACTION

ACTIVITÉ NUMÉRIQUE

Regarder la vidéo « Au cœur des organes : le muscle, moteur du mouvement » (https://youtu.be/REWwSmnYuMO) et répondre aux questions.

1. Énumérer les 4 éléments indispensables au mouvement du corps.

....

....

2. Indiquer l'élément moteur responsable de la contraction.

....

Activité 2 La contraction du muscle

OBJECTIF : Expliquer le mécanisme de la contraction du muscle.

Lire le DOC.D et répondre aux questions.

DOC.D La contraction musculaire

Lors de la contraction musculaire, de nombreuses réactions chimiques se déroulent au sein du muscle. Elles ont pour but la production d'énergie indispensable à la contraction. Elles nécessitent des éléments, comme le glucose, et du dioxygène, qui vont être apportés par le sang. Les réactions chimiques produisent également des déchets, comme le dioxyde de carbone qui sera éliminé, par la suite, dans le sang sortant du muscle.

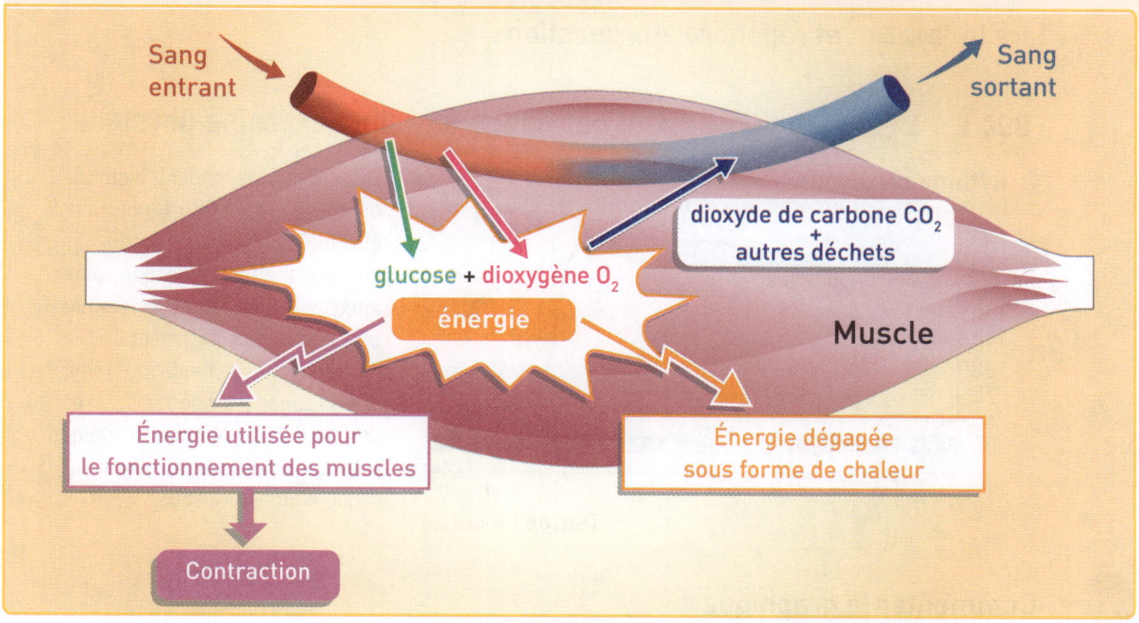

1 Identifier les éléments qui sont consommés lors de la contraction musculaire.

....

....

2 Identifier les éléments qui sont produits lors de la contraction musculaire.

....

....

3 Préciser le devenir de l'énergie dans le muscle.

....

....

4 Compléter l'égalité suivante à partir du schéma précédent.

Contraction musculaire = Consommation d' .... **+ Production de** .... **et de** ....

Activité 3 Les modifications lors du travail musculaire

OBJECTIF : Repérer les modifications physiologiques lors d'un travail musculaire.

1 Réaliser 20 flexions comme indiqué sur l'image ci-contre et expliquer ce qu'il se passe au niveau du fonctionnement de votre organisme.

....

....

....

Lire le **DOC. E** et répondre aux questions.

DOC. E L'évolution du rythme cardiaque lors d'un exercice physique

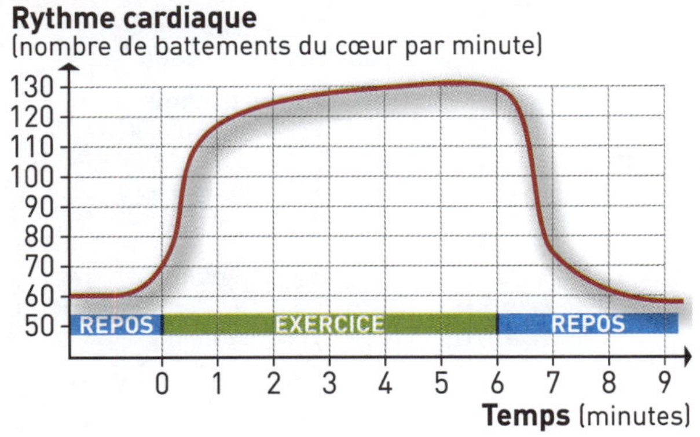

Les chiffres dépendent bien sûr du niveau de l'effort physique effectué.
En cas d'effort physique plus intense, la fréquence cardiaque sera encore plus importante.
En fonction de l'individu (âge, poids, capacités sportives…) et des conditions de l'activité (température extérieure…), il y a un risque d'arrêt cardiaque.

2 Commenter le graphique.

....

3 Indiquer le risque possible si l'effort physique est trop important.

....

4 À l'aide du **DOC. F**, donner le facteur qui peut contribuer à diminuer le rythme cardiaque lors de l'effort physique.

....

DOC. F Comparaison de rythmes cardiaques sur un effort intensif

Comparaison du rythme cardiaque d'une personne qui court 30 minutes à vitesse constante pour un effort physique intensif : sans entraînement puis avec une période d'entraînement sur 10 semaines.

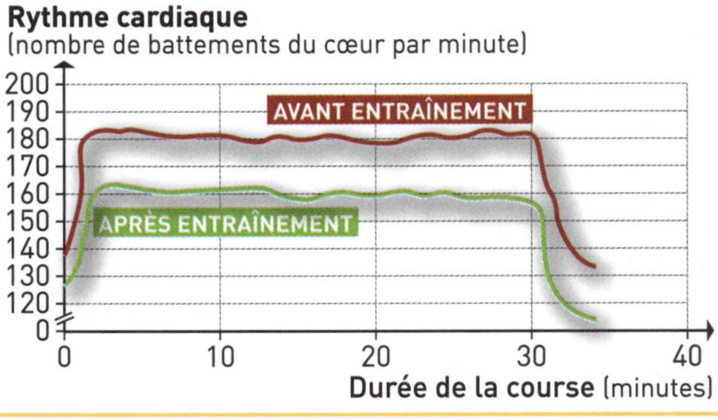

5 À l'aide du **DOC. G**, commenter l'évolution du rythme respiratoire pendant l'effort physique.

....

DOC. G L'évolution du rythme respiratoire lors d'un exercice physique

Le rythme respiratoire représente le nombre de mouvements respiratoires par minute. Un mouvement respiratoire comprend une inspiration et une expiration.

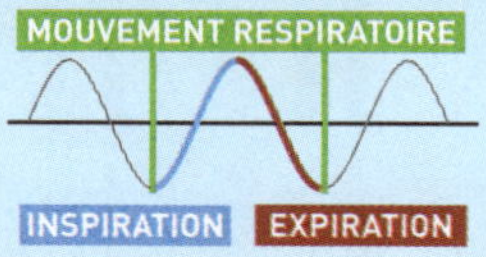

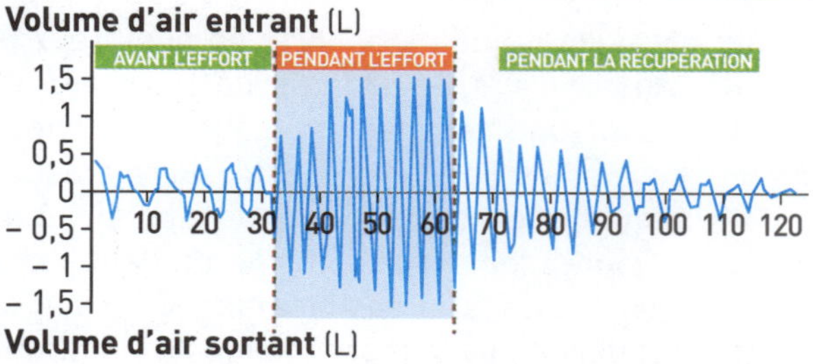

6 D'après votre expérience personnelle et à l'aide du cas suivant, indiquer ce qu'il se passe lorsqu'il y a de nombreux mouvements respiratoires par minute.

Cas : vous venez de terminer votre première séance d'endurance en EPS. Vous avez fini difficilement votre 15e tour de piste.

....

7 D'après votre expérience personnelle, indiquer si, comme pour le rythme cardiaque, le rythme respiratoire pendant l'activité physique peut s'améliorer avec de l'entraînement.

....

8 À l'aide du **DOC. H**, commenter la courbe de température lors d'un effort physique et indiquer les conséquences.

....

....

DOC. H L'évolution de la température corporelle lors d'un exercice physique

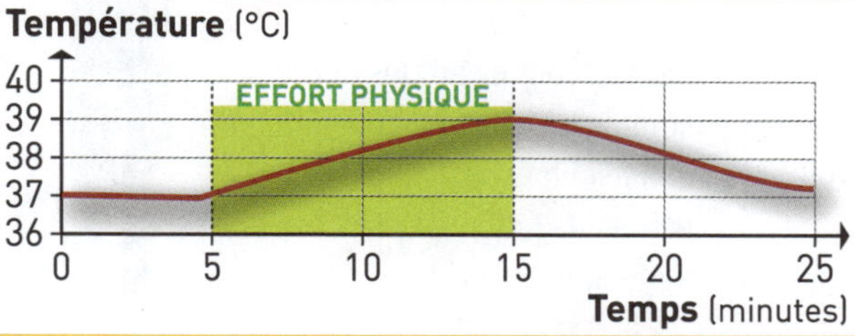

La production et la consommation d'énergie lors d'un effort physique vont libérer de la chaleur. En fonction de la quantité de chaleur libérée, l'organisme va devoir l'éliminer pour maintenir une température corporelle assez constante.
La transpiration apparaît lors d'un effort intense : il y a alors production maximale d'énergie pour la contraction musculaire intense, et libération maximale de chaleur. La transpiration permet de faire baisser la température corporelle. C'est ce que l'on nomme la thermorégulation.

ACTIVITÉ NUMÉRIQUE

Regarder la vidéo « Au cœur des organes : les modifications physiques à l'effort » (https://youtu.be/7XWM-C61rxQ) et énumérer l'ensemble des modifications que l'on peut observer lors d'un effort physique.

....

....

Nathan live!

Activité 4 Vers une activité physique régulière

OBJECTIF : Démontrer l'intérêt d'une activité physique régulière sur la santé.

Lire le DOC.I et répondre aux questions.

DOC.I Vers une activité physique régulière

Une activité physique régulière apporte de nombreux bienfaits sur la santé. Au contraire, la sédentarité (= activité physique faible ou nulle avec une dépense énergétique proche de zéro) entraîne des problèmes de santé. Il est généralement recommandé de pratiquer une activité physique d'intensité modérée 30 minutes par jour, 5 jours par semaine et, dans l'idéal, tous les jours pour pouvoir assurer ses bienfaits. Bien sûr, tout cela est modulable et dépend de la morphologie de l'individu, de son âge, de son état de santé, du type d'intensité physique...

Enfants	Adolescents	Adultes	Seniors
60 min/jour	**30** min/jour	**150** min/semaine	**150** min/semaine

1 Indiquer la durée d'activité physique régulière recommandée pour votre catégorie d'âge.

....

2 Donner les facteurs qui peuvent faire modifier la durée moyenne d'activité physique par jour.

....

3 Proposer 4 exemples d'activités physiques (pas uniquement sportives) que vous pouvez effectuer afin d'avoir une activité physique régulière.

....

Lire le DOC.J et répondre aux questions.

4 Justifier pourquoi faire une activité physique régulière est bon pour la santé sur le long terme (citer 2 exemples).

....

....

DOC.J Quelques effets dus à une activité physique régulière

Faire du sport...

- améliore la qualité du sommeil
- met de bonne humeur
- réduit le stress et l'anxiété
- protège des maladies cardio-vasculaires
- améliore la santé respiratoire
- protège contre le vieillissement
- protège contre certains cancers
- stimule les cellules immunitaires et ainsi limite les infections
- permet de lutter contre l'obésité
- augmente l'espérance de vie

5 Citer un effet de l'activité physique régulière qui peut être bénéfique pour la pratique d'un sport.

....

....

6 Énumérer les conséquences possibles d'une activité physique régulière sur le bien-être mental.

....

....

....

7 **Compléter le schéma ci-dessous en démontrant l'intérêt de pratiquer une activité physique régulière pour chaque cas (vous pouvez vous aider de l'exemple donné et du DOC.J page précédente).**

Activité physique régulière

Laurent a des problèmes familiaux. Il est souvent stressé et a peu confiance en lui.
Pourquoi avoir une activité physique régulière ?
Pour diminuer le stress, développer l'image et l'estime de soi.

Ben prend du poids facilement. Il n'a pas une bonne condition physique et se trouve trop « mou » en sport.
Pourquoi avoir une activité physique régulière ?

Samy passe ses journées sur Internet et les réseaux sociaux. Quand il a des problèmes personnels, il se rend compte qu'il a peu d'amis.
Pourquoi avoir une activité physique régulière ?

Aurélie baisse souvent les bras face aux difficultés qu'elle rencontre. De plus, elle n'ose pas faire de sport car elle est très maigre et fragile.
Pourquoi avoir une activité physique régulière ?

Paloma a essayé de faire du sport mais elle s'est sentie très vite essoufflée, épuisée et a donc décidé d'arrêter. Souffrant de problèmes de sommeil et de crises d'anxiété, elle ne sait plus comment faire pour s'en sortir.
Pourquoi avoir une activité physique régulière ?

Lire le rappel de la situation de Joël puis répondre aux questions.

Joël pratique le basket mais ne va pas souvent aux entraînements. Il préfère jouer aux jeux vidéo. Il évite au maximum tout effort physique, même la marche. Dernièrement, il voit ses performances physiques diminuer, il se sent fatigué de plus en plus rapidement sur un terrain de basket.

8 **Proposer 3 conseils pour que Joël soit moins sédentaire et retrouve de meilleures capacités physiques.**

9 **Donner 3 bienfaits possibles de la pratique d'une activité physique régulière pour Joël.**

ACTIVITÉ NUMÉRIQUE

- Télécharger un podomètre (application qui calcule en temps réel le nombre de pas que l'on effectue) sur votre téléphone.
- Regarder si vous réalisez 10 000 pas par jour (nombre de pas recommandés comme activité physique nécessaire pour être en bonne santé).

Aide-mémoire

L'activité physique

Le mouvement volontaire

L'effort physique implique la contraction et le relâchement des muscles de manière volontaire. Ce mouvement volontaire est commandé par le cerveau qui va stimuler le muscle par l'intermédiaire de la moelle épinière et des nerfs (message nerveux). Les nerfs vont stimuler les fibres musculaires du muscle concerné, ce qui va entraîner sa contraction.

La contraction du muscle

Lors de la contraction musculaire, il y a de nombreuses réactions chimiques au sein du muscle. Le glucose et le dioxygène (O_2) vont être utilisés pour produire l'énergie nécessaire à la contraction.
La contraction va entraîner la production de déchets (CO_2) et de chaleur.

Les modifications lors du travail musculaire

Lors d'un exercice physique, le rythme cardiaque, le rythme respiratoire et la température corporelle augmentent. Pour abaisser cette température, il peut y avoir production de transpiration.

Vers une activité physique régulière

Pour lutter contre la sédentarité, il est conseillé d'avoir une activité physique régulière : environ 30 minutes par jour pour une activité physique d'intensité modérée.
L'activité physique régulière a de nombreux bienfaits pour la santé, comme l'augmentation de l'espérance de vie ou encore la réduction du stress.

Schéma-bilan

ACTIVITÉ PHYSIQUE

→ **Possible grâce au mouvement volontaire**

→ Contraction des fibres musculaires au niveau des muscles striés squelettiques **= CONSOMMATION D'ÉNERGIE (glucose, dioxygène) + PRODUCTION DE DÉCHETS (dioxyde de carbone)**

→ **Effets = augmentation du rythme cardiaque, du rythme respiratoire et de la température corporelle**

→ **30 minutes par jour = nombreux bienfaits pour la santé**

Évaluation

Nom : ....
Prénom : ....
Classe : ....

SITUATION

Pour son premier cours d'endurance, Nathan est un peu inquiet car il n'est pas très sportif. Durant la séance, Nathan souffre énormément. Son professeur essaie de le rassurer en lui expliquant que son corps va s'habituer et qu'il va progresser. Le lendemain, Nathan a très mal aux muscles. Il se demande si le sport a réellement des bienfaits.

1 **Compléter le tableau suivant afin d'identifier les différents éléments de la situation.**

QUI ? Qui est la personne concernée ?	
QUAND ? Quand a lieu cette situation ?	
QUOI ? Quelle est l'origine du problème dans cette situation ?	
POURQUOI ? Pourquoi la personne a-t-elle du mal à croire son professeur de sport ?	

Le professeur de Nathan lui explique comment fonctionnent les muscles.

2 **Compléter le DOC. A à l'aide des termes suivants :**
Fibre – Message nerveux – Faisceau de fibres – Muscle

DOC. A

Le muscle

Un muscle est constitué de plusieurs cellules, ou fibres musculaires, organisées en faisceaux parallèles sur toute la longueur du muscle. Chaque fibre musculaire peut se contracter et permettre le mouvement.

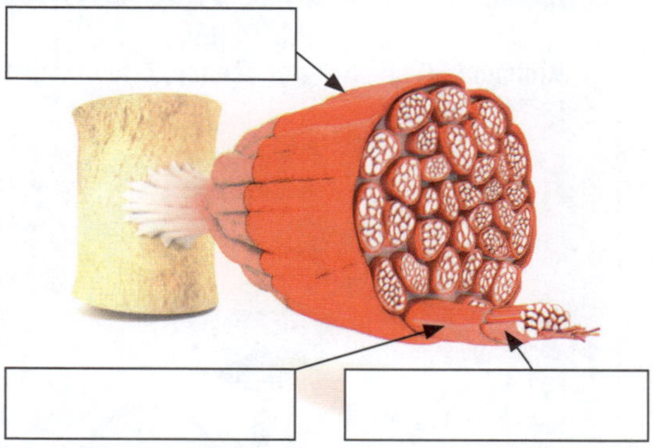

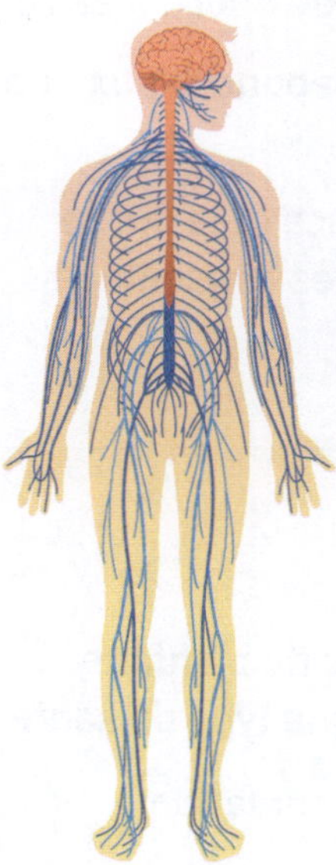

Fonctionnement

Un ....
stimule la fibre musculaire.

Il passe par la moelle épinière puis les nerfs pour arriver vers le muscle concerné.

Les fibres musculaires se contractent.

3 **À partir du DOC. A, expliquer ce qui déclenche le mouvement volontaire.**

....

....

Évaluation

Nathan cherche à comprendre pourquoi il souffre autant lors des cours d'endurance.

4 Étudier le **DOC. B** et expliquer les conséquences d'une activité physique sur l'organisme.

....

....

DOC. B

AU REPOS	PENDANT L'EFFORT	AU REPOS	PENDANT L'EFFORT
Appareil cardiovasculaire Fréquence cardiaque = 60 à 100 battements (ou pulsations) par minute Débit cardiaque = 2,5 L/min (= débit de sang qui sort du cœur)	**Appareil cardiovasculaire** Fréquence cardiaque = 200 battements (ou pulsations) par minute (variable en fonction de l'âge, de l'intensité de l'effort ; diminue si la personne s'entraîne régulièrement) Débit cardiaque = 16 L/min (= multiplié par 5 ou 6 par rapport au repos)	**Appareil respiratoire** Volume d'air courant = 0,5 L environ Il s'agit du volume d'air (de dioxygène, O_2) qui entre dans les poumons.	**Appareil respiratoire** Volume d'air courant = 3 L environ

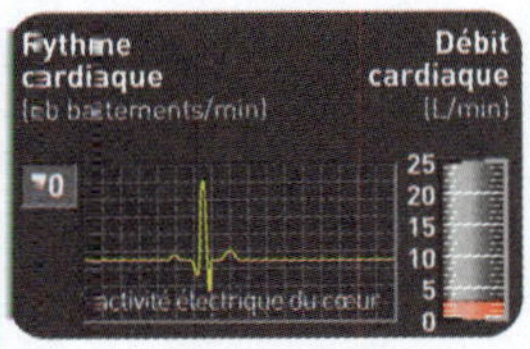

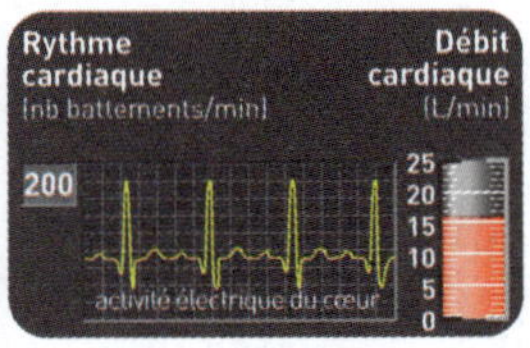

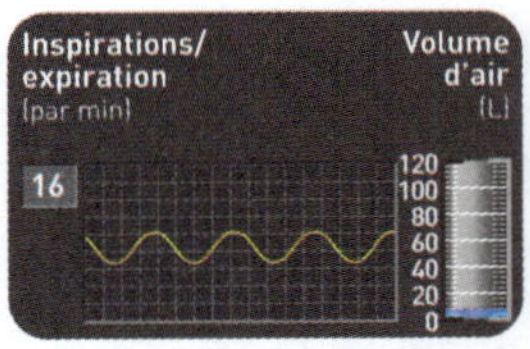

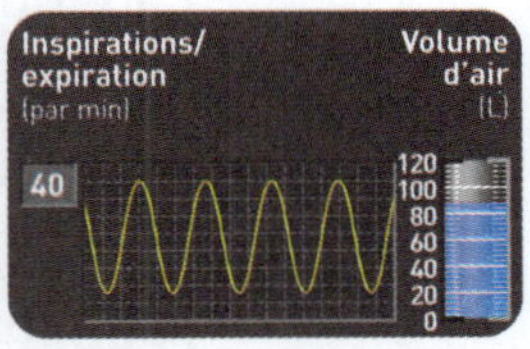

5 Expliquer pourquoi le professeur de Nathan lui a dit que son corps allait s'habituer et qu'il allait progresser.

....

....

Après quelque temps, Nathan commence à progresser et à prendre de plus en plus de plaisir en cours de sport. Il se renseigne sur les bienfaits du sport.

Lire le **DOC. C** et répondre aux questions.

6 Indiquer la fréquence et la durée de pratique sportives conseillées pour un adulte.

....

....

7 Donner 2 exemples de bienfaits du sport pour chaque type de santé.

- Bienfaits du sport sur la santé physique : ....

....

- Bienfaits du sport sur la santé mentale : ....

....

DOC. C

BÉNÉFICES POUR LA SANTÉ D'UNE ACTIVITÉ PHYSIQUE MODÉRÉE

Minimum 30 minutes par séance, 5 jours par semaine

Mémoire

Anxiété, stress, épisodes dépressifs

Estime de soi, bien-être

Espérance de vie

30 à 40 % des cancers du sein, 40 à 50 % des cancers du côlon

Mortalité de 25 à 35 % des maladies coronariennes

Système immunitaire

Surcharge pondérale, diabète, hypertension artérielle, maladies cardio-vasculaires

contribue à réduire

contribue à augmenter

4 Les addictions

SITUATION Enquêtes

Les dernières enquêtes sur les addictions chez les jeunes (14-24 ans) montrent que les consommations de produits licites (alcool et tabac) restent importantes, notamment pour l'expérimentation, même si elles sont en baisse depuis plus de 15 ans. Pour le cannabis, les résultats sont beaucoup moins importants, mais ils sont liés au caractère illicite du produit. Pour les autres produits illicites, les chiffres sont très faibles.

Ces études font aussi apparaître de nouvelles addictions : aux écrans, aux réseaux sociaux, aux jeux vidéo... En effet, 26 % des 18-22 ans estiment passer plus de 5 heures par jour sur les réseaux sociaux, 10 % y consacrant plus de 8 heures quotidiennement.

11,7 % DES JEUNES N'ONT JAMAIS CONSOMMÉ AUCUNE DES TROIS SUBSTANCES

Évolution de l'expérimentation du tabac, de boissons alcoolisées et du cannabis à 17 ans, en %

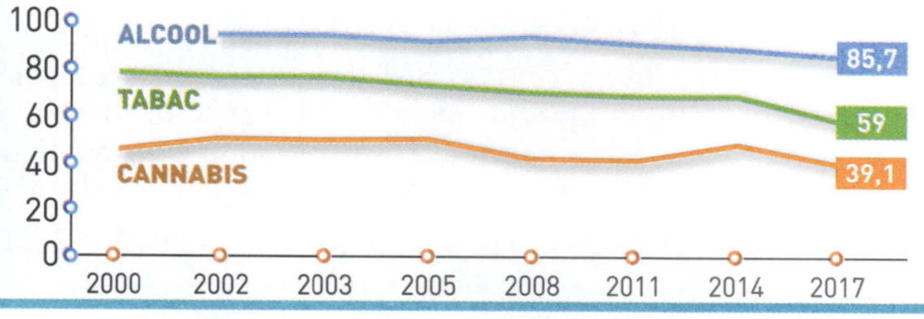

Analyse de la situation

1. Identifier les différents éléments de la situation en complétant le diagramme suivant.

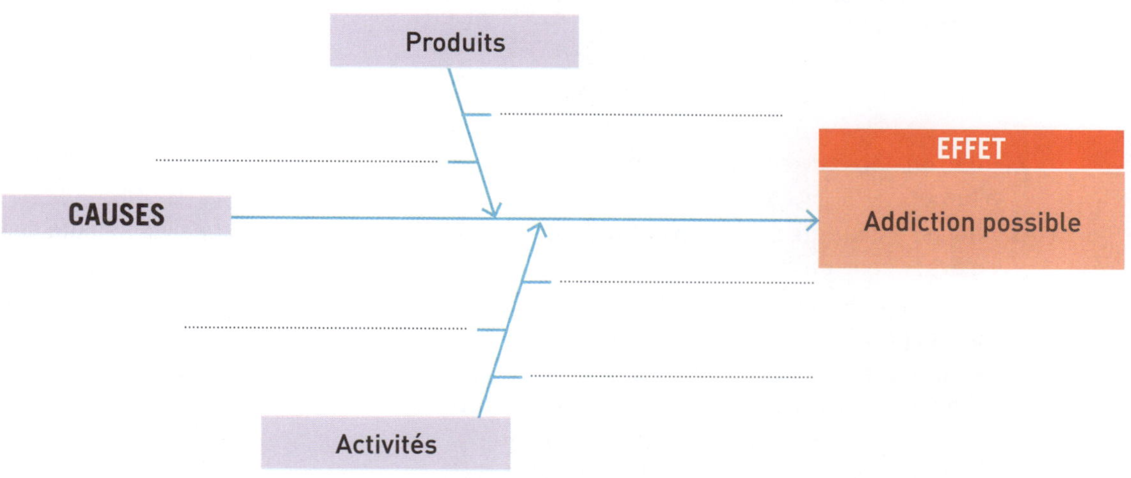

2. Formuler la problématique de la situation à partir de votre analyse précédente.

....

....

Activité 1 Les facteurs de risque addictif

OBJECTIF : Repérer des facteurs de risque pouvant conduire à une addiction comportementale et/ou à un produit.

Lire le DOC.A et répondre aux questions.

DOC. A L'addiction

Une addiction (ou conduite addictive) se définit comme la dépendance d'un individu à une substance ou une activité qui lui procure du plaisir en dépit de la connaissance des conséquences négatives.
Un individu est considéré comme dépendant lorsqu'il présente sur la durée une envie incontrôlable de répéter cette conduite addictive, au détriment de ses autres activités. Il ne peut plus se passer d'une (ou plusieurs) substance(s) (ou activités) en dépit de ses efforts et de la connaissance des effets négatifs engendrés (dégâts physiques et/ou psychologiques).
L'addiction résulte de l'interaction entre plusieurs facteurs de risque : ceux liés aux produits (ou à l'activité), ceux liés à la vulnérabilité de l'individu (traits de personnalité, événements de la vie) et ceux liés à l'environnement, notamment social (éducation familiale, cercle d'amis).

1 Souligner, dans le DOC.A, la définition d'une addiction.

2 Indiquer, pour chaque cas suivant, s'il s'agit d'une addiction ou non.

Cas 1 : Charles boit de temps en temps un verre d'alcool en rentrant du travail, quand sa journée a été très fatigante ou stressante.	**Cas 2 :** Baptiste joue au poker en ligne. Il y passe ses nuits et il lui arrive de manquer une journée de travail quand il joue trop tard.	**Cas 3 :** Lise a commencé à fumer il y a un an. Elle a toujours dit qu'elle pouvait arrêter quand elle voulait mais elle se rend compte qu'elle n'y arrive pas quand elle essaie.
Addiction ? ☐ Oui ☐ Non	Addiction ? ☐ Oui ☐ Non	Addiction ? ☐ Oui ☐ Non

3 Relier chaque situation au facteur de risque pouvant conduire à une addiction.

Situation

1. Erwan consomme de l'alcool surtout quand il est en soirée avec ses amis. •
2. Le père et le grand-père d'Hugo sont alcooliques. Le jeune homme a quand même envie d'expérimenter l'alcool. •
3. Jeanne a fumé sa première cigarette à 13 ans. •
4. Suite au décès de son père, Arthur s'est mis à fumer. •
5. Adeline est attirée par une bière aromatisée mise en avant dans un magasin. •
6. Léo a adoré le sentiment ressenti lorsqu'il a joué pour la première fois aux jeux vidéo. •
7. Yanny adore jouer à des « jeux d'alcool » où le perdant doit boire une grande quantité d'alcool. •
8. Stéphanie a commencé à fumer en prenant des cigarettes dans le paquet de sa mère. •

Facteur de risque

• A. Une prédisposition génétique
....
• B. Des expériences de vie stressantes
....
• C. Les premiers effets ressentis lors de l'expérimentation
....
• D. Une consommation précoce
....
• E. La disponibilité des produits
....
• F. Les modes de consommation
....
• G. La valorisation des produits
....
• H. Le contexte de consommation
....

4 Préciser, sous chacun des facteurs de risque précédents, s'il est lié aux produits (ou à l'activité), à l'individu ou à l'environnement.

Activité 2 Les effets de l'alcool et du cannabis

OBJECTIF : Identifier les effets de l'alcool, du cannabis et de la polyconsommation sur la santé.

1 À partir des cas suivants, citer les effets immédiats possibles de l'alcool et du cannabis.

Cas 1 : timide et renfermé d'habitude, Stéphane se sent désinhibé et prend confiance en lui quand il boit de l'alcool. Par contre, quand il est fatigué, il lui arrive d'être agressif ou irritable.

Cas 2 : après une soirée alcoolisée, Barbara évite de prendre sa voiture car elle n'a plus les mêmes réflexes. Il lui arrive de ne pas se souvenir de tout et elle passe souvent par de longues phases de somnolence.

Cas 3 : Rodolphe fume du cannabis surtout parce qu'il se sent légèrement euphorique et détendu ensuite. En revanche, il lui arrive parfois de faire des malaises, voire de ressentir des angoisses ou de l'anxiété, puis il a rapidement envie de dormir.

Cas 4 : la première fois qu'Anna a fumé du cannabis, elle a senti son cœur battre vite, a eu des pertes d'équilibre et des tremblements. De plus, elle a eu des pertes de mémoire et n'avait plus envie de faire quoi que ce soit.

Exemples d'effets immédiats de l'alcool :

Exemples d'effets immédiats du cannabis :

2 Lire le DOC. B et présenter les effets à long terme d'une consommation d'alcool ou de cannabis.

DOC. B Les effets sur la santé de l'alcool et du cannabis

L'alcool

49 000 morts par an
dont, notamment :
– des cancers : 15 000 décès ;
– des maladies cardio-vasculaires : 12 000 décès ;
– des maladies digestives (cirrhoses) : 8 000 décès ;
– des suicides, des accidents : 8 000 décès.

Le cannabis

Fumer du cannabis multiplie par 3 le risque de cancer des poumons et peut entraîner des troubles du rythme cardiaque et des troubles de la santé mentale (anxiété, panique, dépression).

DOC. C La polyconsommation

On parle de polyconsommation lorsqu'il y a consommation d'au moins 2 produits à une certaine fréquence. Les effets des produits sont alors modifiés et souvent source de risques plus graves pour la santé.

Risque d'accident de la route

3 À partir du DOC. C, expliquer les effets d'une polyconsommation de cannabis et d'alcool en justifiant votre réponse.

Activité 3 Le mécanisme de l'addiction sur le cerveau

OBJECTIF : Expliquer le mécanisme de l'addiction sur le cerveau.

Lire le DOC. D et répondre aux questions.

DOC. D Le cerveau et ses multiples fonctions

Le cerveau assure de multiples fonctions : mouvements, sensations, mémoire, émotions, douleurs, prises de décision, humeur, plaisir, etc. Ces fonctions se retrouvent principalement dans des zones caractéristiques du cerveau (voir ci-contre). Pour assurer ces différentes fonctions, le cerveau s'appuie sur les cellules qui le constituent : les neurones (plus de cent milliards au total).

Les produits comme l'alcool ou le tabac agissent sur différentes zones du cerveau mais plus particulièrement sur la zone du plaisir et de la récompense.

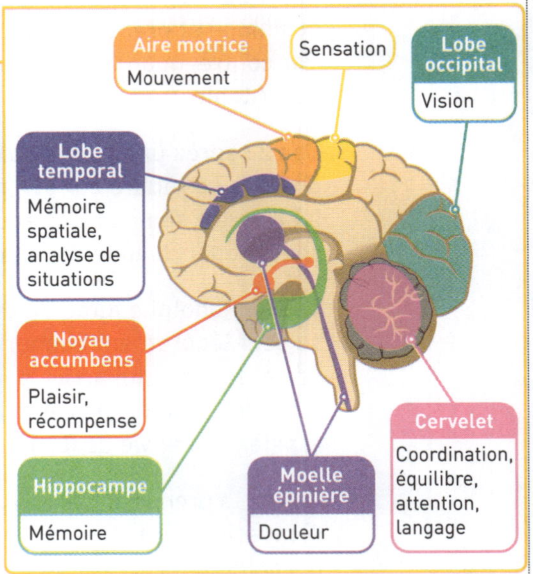

1. Entourer, sur le schéma du DOC. D, la zone du cerveau particulièrement touchée par l'addiction.

2. Préciser les fonctions de cette zone.

....

Lire le DOC. E et répondre aux questions.

DOC. E La communication entre neurones

Ce sont les neurones qui transmettent les messages nerveux provenant du cerveau à un organe ou un muscle et qui déclenchent une action (ex. : si le message nerveux arrive au niveau d'un muscle, il provoque sa contraction). Le transfert d'un message nerveux d'un neurone à un autre s'effectue par la libération de molécules appelées « neurotransmetteurs ». Cette libération se réalise au niveau d'une zone de contact entre les deux neurones : la synapse.

Les neurotransmetteurs libérés par un neurone viennent se fixer sur des récepteurs situés sur la membrane du neurone suivant : le message nerveux est transmis. Il existe différents types de neurotransmetteurs, comme la sérotonine qui régule la température, le sommeil et l'appétit, ou la dopamine qui joue un rôle dans l'humeur (dont la sensation de plaisir) et la dépendance.

Communication entre neurones : la synapse (= région de contact entre 2 neurones)

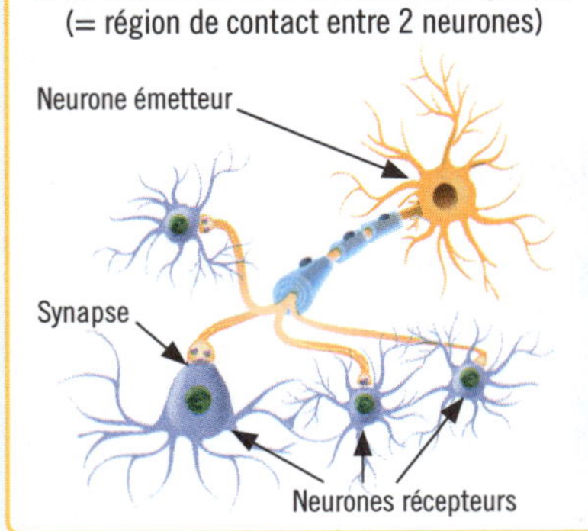

Au niveau de la synapse, il y a libération de neurotransmetteurs afin de pouvoir transmettre le message nerveux.

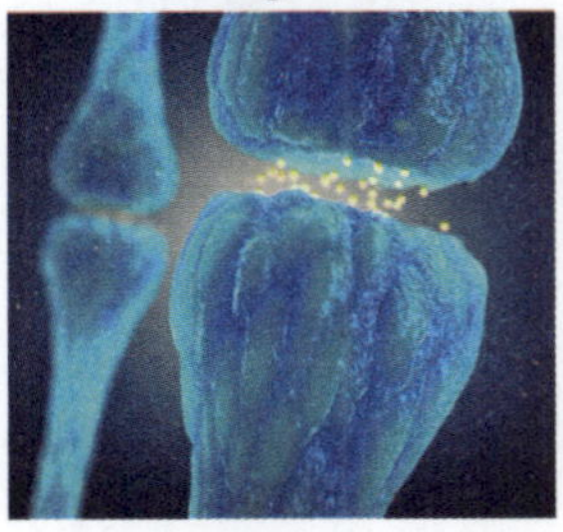

3. Nommer la zone de contact entre 2 neurones.

....

4. Préciser si tous les neurotransmetteurs sont identiques dans l'organisme.

....

Lire le DOC.F et répondre aux questions.

DOC.F Le circuit de la récompense et les produits psychoactifs

La zone du cerveau appelée « circuit de la récompense » nous procure des sensations plaisantes lorsque nous réalisons certaines actions nécessaires à la survie (comme boire, manger, etc.).

Cette sensation de plaisir et de bien-être est provoquée par la production d'un neurotransmetteur particulier, la dopamine.

Les substances psychoactives (par exemple, l'alcool et le tabac) sont des substances qui agissent sur le système nerveux et modifient le comportement. Leur consommation entraîne aussi la sécrétion de dopamine, mais en plus grande quantité et plus rapidement qu'avec des récompenses obtenues suite à des « comportements naturels » comme boire ou manger.

5 Justifier pourquoi on peut dire que le cannabis est aussi une substance psychoactive.

....

6 Décrire brièvement la fonction de la zone de récompense dans le cerveau.

....

....

7 Compléter le schéma ci-dessous sur le circuit de récompense avec les termes suivants :
Dopamine – Sensation de bien-être – Satisfaction des désirs

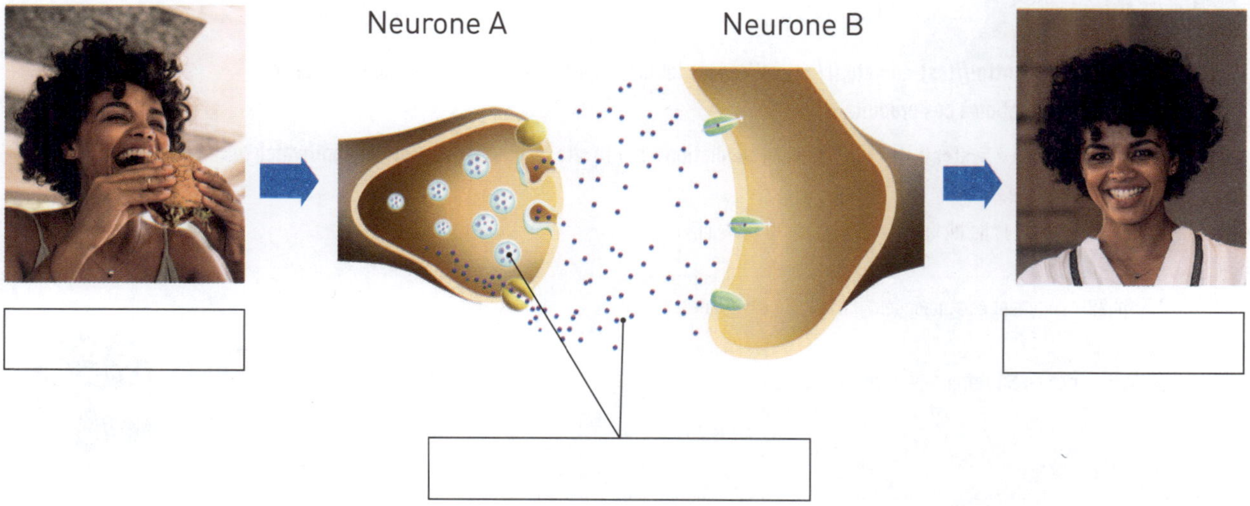

Lire le DOC.G et répondre aux questions.

DOC.G Le mécanisme de l'addiction sur le cerveau

Lors de la prise d'un produit psychoactif, la libération accrue de dopamine fait que la sensation globale perçue par le cerveau diffère de ce que l'on ressent avec les plaisirs habituels ; elle est beaucoup plus intense.
De plus, les effets produits par les substances actives sont mémorisés dans le circuit de la récompense du consommateur, ce qui conduit à un effet de dépendance.
Quand l'individu ne consomme pas la substance active, le circuit la réclame : c'est l'état de manque, qui peut se manifester de différentes manières psychologiques et/ou physiques en fonction de la substance (mal-être, irritabilité, douleurs...). Le besoin d'une nouvelle consommation apparaît pour satisfaire le circuit de la récompense : la dépendance s'installe et, avec le temps, les doses consommées augmentent de façon à obtenir de plus en plus de plaisir.
Le mode de défense du cerveau est de limiter la libération de dopamine, ce qui va entraîner la nécessité d'augmenter les quantités de produits psychoactifs consommés pour avoir une dose toujours importante de dopamine libérée : c'est l'accoutumance.

8 Expliquer comment agissent les produits psychoactifs sur le cerveau.

....

....

9 Expliquer brièvement la différence entre la dépendance et l'accoutumance.

....

....

....

10 Justifier pourquoi les produits psychoactifs peuvent entraîner une addiction.

....

....

ACTIVITÉ NUMÉRIQUE

- **Aller sur le site : http://test-addicto.fr/ et réaliser les tests sur l'alcool et le cannabis pour connaître votre risque d'addiction à ces produits.**
- **Regarder la vidéo « Système de récompense et addiction » sur le site https://www.youtube.com/watch?v=mEuokfYOEHO et répondre aux questions.**

1. Donner 4 exemples de tâches accomplies par le cerveau.

....

2. Expliquer comment communiquent entre eux les neurones.

....

3. Expliquer ce qu'est l'effet renforçant du cerveau.

....

....

Nathan live!

Activité 4 Les autres conséquences des addictions

OBJECTIF : Identifier les conséquences des addictions.

À partir du DOC.H, identifier les conséquences personnelles et sociales possibles des addictions.

DOC.H Extraits de faits divers sur les addictions

FIL INFO

• **Alcool :** vers 8 h du matin, suite à un accrochage sur la route, les gendarmes arrêtent le conducteur d'un véhicule dans un piteux état. Avec une alcoolémie supérieure à 3 g d'alcool par litre de sang, l'homme a été pris en charge par les pompiers et évacué vers l'hôpital le plus proche. Il s'avère qu'il s'agissait d'une personne alcoolique qui se rendait sur son lieu de travail.
Entendu par les gendarmes, il a déclaré avoir bu car sa femme l'avait quitté et était partie avec ses enfants la veille.

• **Réseaux sociaux :** alors que ses parents lui avaient désinstallé tous les réseaux sociaux de son téléphone, un jeune de 15 ans a frappé son frère de 13 ans et sa mère de 42 ans suite à ce différend. Les voisins ont appelé la police en entendant les cris à côté de chez eux.

• **Cannabis :** les policiers viennent d'intervenir sur le parking d'un lycée. Devenu un lieu privilégié pour les fumeurs de cannabis car il n'était pas surveillé, le parking l'était depuis 2 semaines.
Au total, 8 lycéens ont été entendus, dont certains en décrochage scolaire.

ACTIVITÉ NUMÉRIQUE

Consulter le site : http://www.maad-digital.fr/ et répondre aux questions.

Nathan live!

1. Expliquer brièvement ce que l'on peut trouver sur ce site.

....

2. Citer 4 substances psychoactives abordées sur ce site (autres que l'alcool et le cannabis) et 2 addictions liées à des activités.

....

....

3. Expliquer en quoi MAADbot pourrait vous aider sur les addictions et les substances psychoactives sur n'importe quel type de questions (vous pouvez vous aider du moteur de recherche du site).

....

....

Activité 5 La prévention face aux conduites addictives

OBJECTIF : Proposer des actions de prévention individuelle et collective visant à réduire le risque d'addiction.

1 À partir du DOC. I, proposer, pour chacun des cas suivants, une ou des actions pour arrêter ou réduire l'addiction.

Cas 1 : Claire a pris l'habitude de boire de l'alcool régulièrement mais ne s'en rend pas compte. Son compagnon, Franck, ne sait pas comment faire pour l'aider face à ce problème.

Action(s) possible(s) : ....

....

Cas 2 : Ethan, 19 ans, vit seul. Il fume du cannabis tous les jours, notamment le soir avant de s'endormir. Il a conscience qu'il a un problème mais il a honte d'en parler à quelqu'un.

Action(s) possible(s) : ....

....

DOC. I Conduites addictives : les aides possibles

Pour lutter contre les addictions ou les réduire, il existe de nombreuses actions de prévention individuelle et collective :

Faire prendre conscience de l'addiction : l'importance de l'entourage dans cette prise de conscience est primordiale si la personne concernée ne se rend pas compte de son addiction. Éviter les reproches, la force ou l'autorité et privilégier l'écoute, le dialogue. Chacun doit juste exprimer son point de vue pour comprendre ses différences, c'est ce qui peut amener à la prise de conscience.

Informer sur les risques liés à l'addiction : nous n'avons bien souvent pas conscience des risques liés à certaines addictions. En quelques clics ou avec un coup de téléphone, c'est devenu très simple.

Se faire aider par un professionnel de santé : médecins généralistes, infirmières, addictologues, Centres de Soins, d'Accompagnement et de Prévention en Addictologie (CSAPA)...

Aller dans des associations, des groupes de parole : il existe de très nombreuses associations et groupes de parole différents selon le type d'addictologie. Ces structures permettent la discussion et l'échange avec des personnes qui vivent le même type de problème. Mais elles peuvent aussi vous orienter vers des établissements de soins qui peuvent vous aider dans votre addiction.

2 À partir du DOC. J, expliquer pourquoi ce type d'action peut avoir un effet sur la population.

....

....

....

....

DOC. J Affiche extraite de la campagne 2019 contre l'addiction à l'alcool

www.alcool-info.service.fr

Activité 6

Réglementation et lutte contre les conduites addictives

OBJECTIF : Repérer les mesures réglementaires mises en place pour la vente et la consommation des substances licites et illicites.

1 À l'aide du **DOC. K**, compléter le tableau suivant.

Les différentes substances psychoactives		Mesures de prévention
Tabac	Vente	
	Consommation	
Alcool	Vente	
	Consommation	
Cannabis	Vente	
	Consommation	

DOC. K La réglementation des substances licites (= permises par la loi) et illicites (= interdites par la loi)

Produits licites		
	Obligations	Interdictions
 Tabac	 Paquet neutre avec mentions obligatoires	 ➤ Interdiction de fumer dans les lieux à usage collectif (travail, transport…). Des amendes sont prévues en cas de non-respect de cette règle. ➤ Interdiction de vente à des mineurs de moins de 18 ans.
 Alcool	Mention obligatoire : « L'abus d'alcool est dangereux pour la santé, à consommer avec modération. »	 ➤ Interdiction d'être ivre sur la voie publique. ➤ Interdiction de vente à des mineurs de moins de 18 ans. ➤ Interdiction de conduire avec une alcoolémie supérieure à 0,5 g/L (0,2 g/L pour les jeunes conducteurs). En cas de non-respect de ces taux, une amende et un retrait de points sur le permis de conduire sont prévus.
Les produits illicites sont aussi appelés « stupéfiants » (ex. : cocaïne, héroïne, cannabis, ecstasy).		
	➤ Interdiction de vendre, d'offrir des produits stupéfiants (assimilation à du trafic). Amendes et peine de prison sont possibles dans ces cas. ➤ Interdiction de consommer des produits stupéfiants. ➤ Interdiction d'exercer certains métiers suite à une condamnation pour usage ou trafic de stupéfiants.	

2 Donner 3 exemples de mesures de répression (= pour sanctionner) possibles pour ceux qui ne respectent les interdictions liées aux produits psychoactifs.

....

....

....

Aide-mémoire

Les addictions

L'addiction

C'est la dépendance d'un individu à une substance ou une activité qui lui procure du plaisir en dépit de la connaissance des conséquences négatives. L'individu a alors une envie incontrôlable de répéter cette conduite addictive.
De nombreux facteurs de risque peuvent conduire à une addiction (ex. : la consommation précoce).

Les effets de l'alcool et du cannabis

La consommation de produits comme l'alcool et le cannabis a des effets immédiats et à long terme. De plus, la polyconsommation (= consommation de plusieurs substances en même temps) multiplie les effets des produits consommés.

L'addiction sur le cerveau

Les substances psychoactives (= produits qui agissent sur le cerveau et modifient le comportement) agissent directement sur le cerveau au niveau du circuit de récompense : elles entraînent la libération de dopamine (= neurotransmetteur) en plus grande quantité et plus rapidement au niveau des neurones. Par la suite, le cerveau réclamera sa « dose » de dopamine qui lui procure plaisir et bien-être.

Les autres conséquences des addictions

Les addictions ont aussi des conséquences personnelles et sociales (perte de travail, divorce…).

L'action de prévention et les lois

Pour lutter contre les addictions, il est possible de mettre en place des actions individuelles ou collectives. De plus, la vente et la consommation des substances licites et illicites sont réglementées par des mesures de prévention et de répression.

Schéma-bilan

ADDICTION
Dépendance d'un individu en dépit de la connaissance des conséquences négatives

Mécanisme de l'addiction
Libération de dopamine au niveau du circuit de la récompense dans le cerveau

→ **À un produit** : Substances licites ; Substances illicites

→ **À un comportement** : Jeux, écrans…

→ **Conséquences sur la santé** (maladies, dépression…)
→ **Conséquences personnelles et sociales** (isolement, accidents…)

Mesures réglementaires pour lutter contre les addictions : prévention (ex. : interdictions) **et répression** (ex. : amendes)

Actions possibles : individuelles et collectives (ex. : groupes de parole)

Évaluation

Nom : ....

Prénom : ....

Classe : ....

SITUATION

Stéphane boit de l'alcool tous les jours. Il a une addiction à ce produit mais ne s'en rend pas compte. Bien que son ami Mehdi lui ait fait remarquer plusieurs fois, Stéphane dit qu'il peut s'arrêter quand il veut. Dernièrement, Stéphane a eu un accident du travail suite à une erreur d'inattention après avoir bu. Il décide de réagir et d'aller consulter un addictologue.

1 – **Compléter le tableau suivant afin d'identifier les différents éléments de la situation.**

QUI ? Qui est la personne concernée ?	
QUOI ? Quel est son problème ?	
QUAND ? Quand son problème a-t-il lieu ?	
POURQUOI ? Pourquoi ce problème prend-il une plus grande ampleur ?	
COMMENT ? Que fait la personne pour essayer de régler ce problème ?	

L'addictologue explique à Stéphane tous les dangers liés à l'alcool et reprend avec lui les symptômes et conséquences associés.

2 – **Énumérer, à l'aide du DOC.A, 4 conséquences possibles associées à ces symptômes sur la vie sociale ou personnelle.**

Symptôme choisi : ....
→ Conséquence possible associée sur la vie sociale ou personnelle : ....

....

Symptôme choisi : ....
→ Conséquence possible associée sur la vie sociale ou personnelle : ....

....

Symptôme choisi : ....
→ Conséquence possible associée sur la vie sociale ou personnelle : ....

DOC.A Les symptômes de l'alcool

Source : http://www.radio-canada.ca/

L'addictologue explique à Stéphane l'action de l'alcool au niveau du cerveau.

3 – **Donner le nom du circuit au niveau du cerveau qui est touché lors de la consommation d'alcool.**

....

4 En vous aidant du schéma suivant, expliquer le mécanisme de l'addiction sur le cerveau.

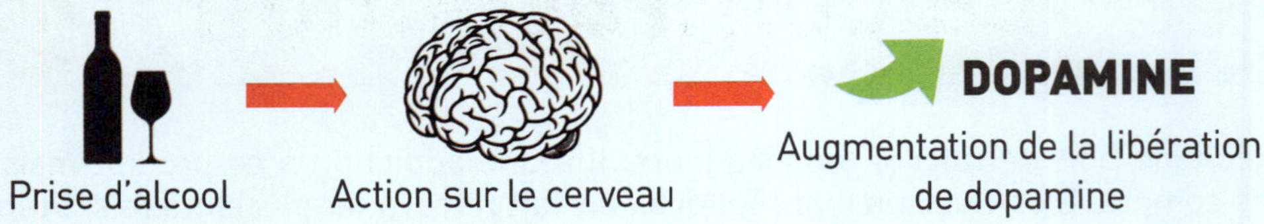

....

....

Stéphane commence à se rendre compte de son addiction. Il est même surpris d'avoir conduit de nombreuses fois sous l'emprise de l'alcool. Il se renseigne sur les sanctions en cas d'alcool au volant.

5 À partir du DOC.B, indiquer le nombre de verres maximum que Stéphane (85 kg), jeune conducteur, peut consommer avant de prendre le volant tout en respectant la loi.

....

DOC.B Alcool au volant : le barème des sanctions

Taux d'alcool à jeun		
Nombre de verres	**Homme de 85 kg**	**Femme de 75 kg**
	0,17 g/l	0,22 g/l
	0,34 g/l	0,44 g/l
	0,51 g/l	0,67 g/l
	0,67 g/l	0,89 g/l

Le taux d'alcool maximal est atteint :

1/2 heure après absorption à jeun ;

1 heure après absorption au cours d'un repas.

L'alcoolémie baisse en moyenne de **0,10 g à 0,15 g d'alcool par litre de sang en 1 heure.**

Principales sanctions encourues (hors récidive)

Taux compris entre 0,5 g/l et 0,8 g/l

- **Retrait de 6 points** sur le permis de conduire
- **Amende forfaitaire** de 135 €
- **Immobilisation** du véhicule
- **Suspension** du permis (jusqu'à 3 ans)

Taux égal ou supérieur à 0,8 g/l

- **Retrait de 6 points**
- **Amende** (jusqu'à 4 500 €)
- **Immobilisation** du véhicule
- **Suspension** (jusqu'à 3 ans), voire **annulation** du permis

Et pour les jeunes conducteurs et ceux qui ont un permis probatoire, le taux change :

Taux égal ou supérieur à 0,2 g/l

- **Retrait de 6 points**
- **Amende forfaitaire** de 135 €
- **Suspension** du permis (jusqu'à 3 ans)

Source : Sécurité routière

6 Indiquer la différence au niveau de l'alcoolémie au volant entre un jeune conducteur et un conducteur « classique ».

....

7 Donner les deux facteurs qui peuvent influer sur l'alcoolémie.

....

8 Proposer un autre type d'action (autre que la consultation auprès d'un addictologue) qui pourrait aider Stéphane face à son addiction.

....

5 La sexualité – La contraception

SITUATION Statistiques

24 millions de rapports à risque de grossesse par an en France

10 % des femmes de 20 à 25 ans

n'utilisent aucun moyen contraceptif lors des rapports.

220 000 IVG (Interruptions Volontaires de Grossesse) par an

21 % des femmes oublient leur pilule au moins une fois par mois.

61 % des femmes ayant subi une IVG ne pensaient pas être à risque de grossesse.

11 % seulement des femmes en situation à risque de grossesse ont recours à la pilule du lendemain.

Analyse de la situation

1. Identifier les éléments de la situation en complétant le diagramme de causes à effets.

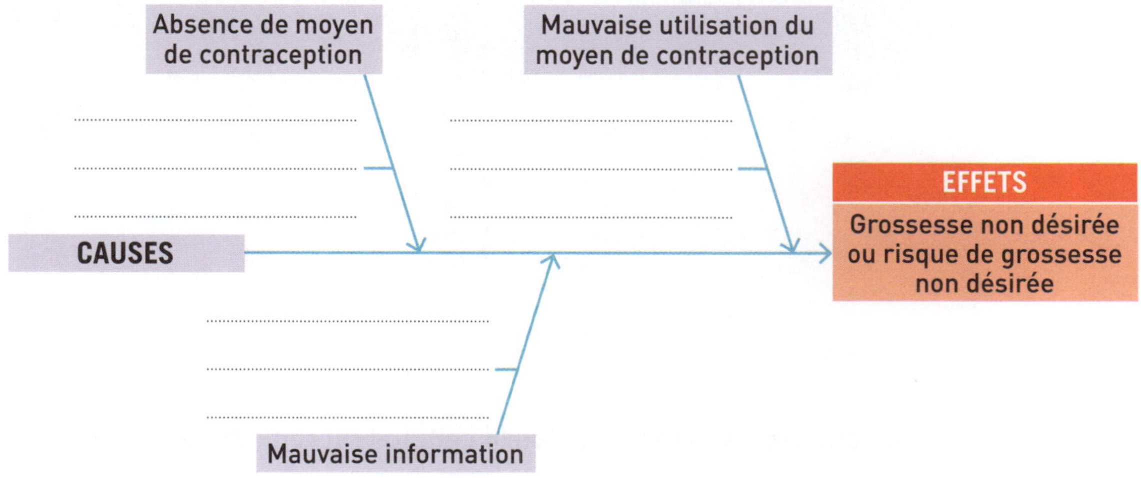

2. Formuler la problématique de la situation à partir de votre analyse précédente.

....

....

Activité 1 L'appareil reproducteur féminin

OBJECTIF : Expliquer la physiologie de l'appareil reproducteur féminin.

1 À partir du tableau suivant, légender les deux schémas du DOC.A.

Les organes de l'appareil génital féminin	
Noms	**Rôles**
Ovaires	Ils produisent et expulsent les ovules. Ils produisent les hormones sexuelles (progestérone et œstrogènes).
Vagin	Lieu de l'accouplement, où sont déposés les spermatozoïdes. Il permet l'évacuation du sang lors des règles et la sortie du bébé lors de l'accouchement.
Trompes utérines	Lieu de rencontre des spermatozoïdes et de l'ovule lors de la fécondation. C'est la liaison entre l'utérus et les ovaires.
Utérus	Lieu de développement du futur bébé. Il recueille l'ovule fécondé.

DOC.A L'appareil génital féminin

Ce que vous pouvez voir :

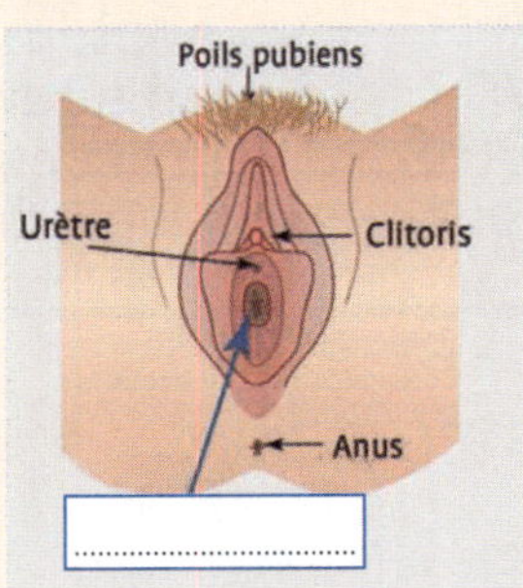

Ce que vous ne pouvez pas voir :

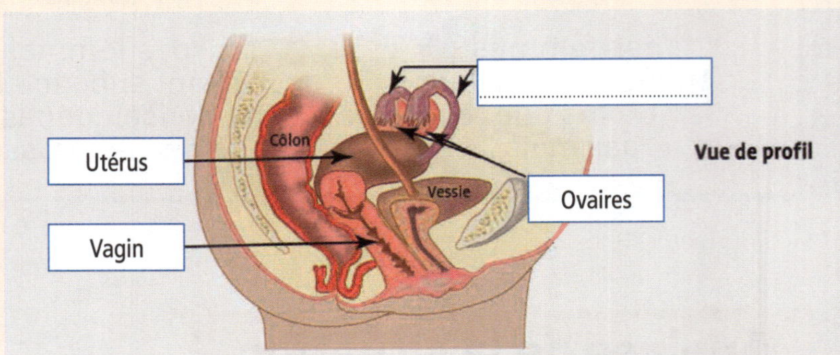

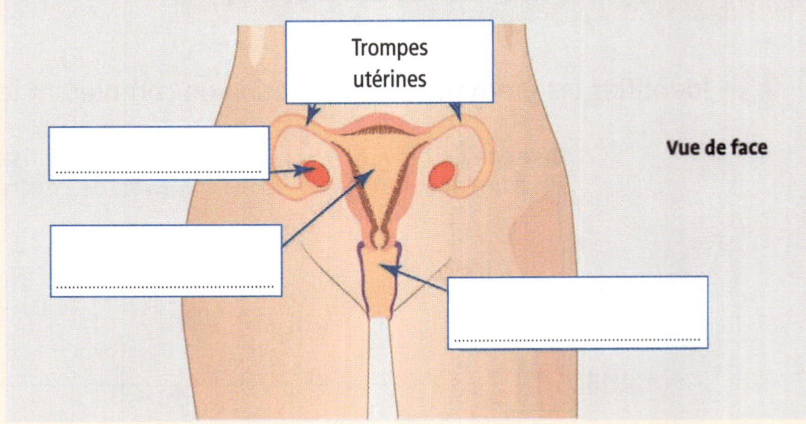

2 Identifier le nom des gamètes femelles (= cellules reproductrices de la femme).

....

3 Entourer en rouge, sur le schéma, le lieu où sont produits et libérés les gamètes femelles.

4 **Compléter les informations suivantes en précisant l'organe concerné.**

- Ils permettent la fabrication d'ovules : ....
- Elles se situent entre l'utérus et les ovaires : ....
- Il reçoit le sperme lors des relations sexuelles : ....

Lire le DOC.B et répondre aux questions.

DOC.B Le cycle utérin et le cycle ovarien

La puberté correspond à l'arrivée des premières règles. À partir de cette période, on retrouve 2 cycles chez la femme : le cycle utérin et le cycle ovarien.

Au niveau de l'utérus

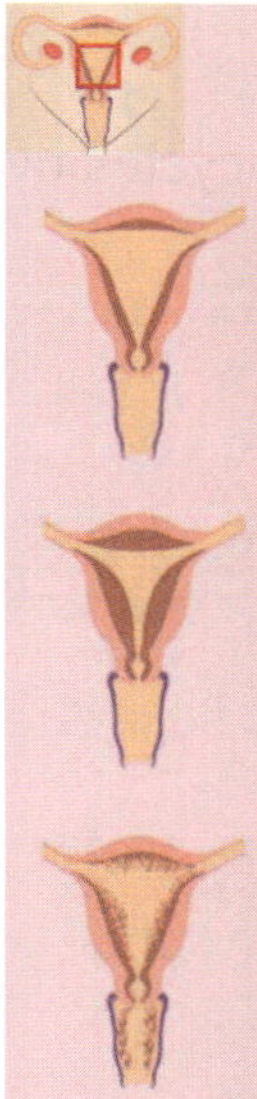

Dès le 5e jour du cycle
La paroi interne de l'utérus commence à s'épaissir.

Dès le 14e jour du cycle
La paroi s'est épaissie : l'utérus est prêt à recevoir un œuf fécondé pour qu'il se développe.

Si l'ovule n'est pas fécondé par un spermatozoïde, « le tapis d'accueil » se détache et est éliminé : ce sont les règles ou menstruations.

Au niveau de l'ovaire

Au 14e jour du cycle environ, un ovaire libère un ovule : c'est l'ovulation.

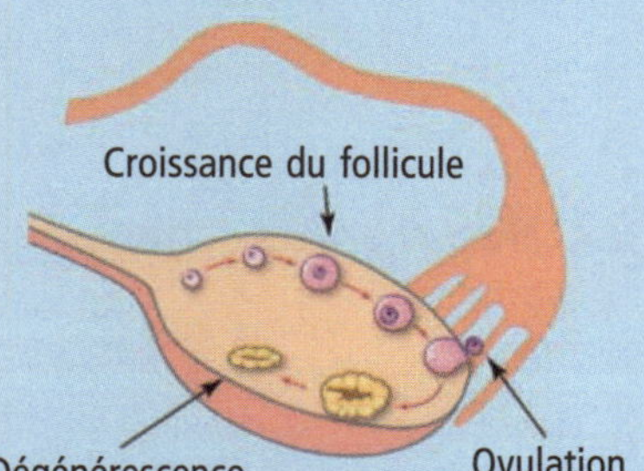

5 **Compléter le schéma ci-contre à l'aide des termes suivants :**
28 – Règles – Ovulation – 14

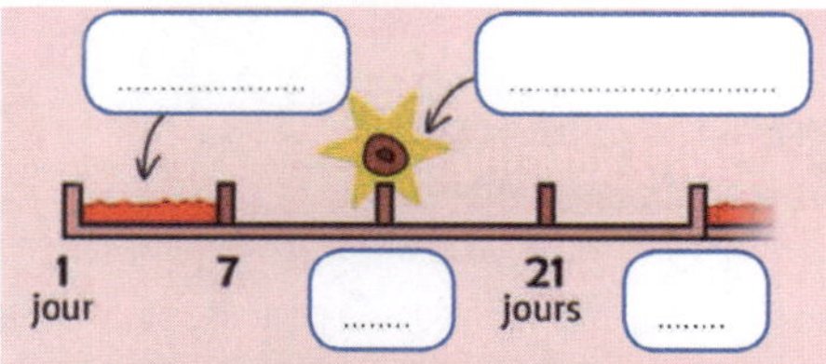

Le cycle menstruel dure en moyenne 28 jours (il existe des variations selon les personnes). Il commence le premier jour des règles et se termine le premier jour des règles suivantes.

6 **Expliquer brièvement à quoi correspondent les règles.**

....

7 **Souligner, dans le DOC.B, la définition de l'ovulation.**

8 **Expliquer pourquoi on utilise le terme « cycle ».**

....

....

9 **Indiquer à quel moment commence le 1er jour du cycle menstruel.**

....

....

Lire le DOC.C et répondre aux questions.

DOC.C La synchronisation des cycles de l'appareil reproducteur féminin

Comment les cycles sont-ils synchronisés ?
Ces cycles sont sous contrôle hormonal : ce sont les hormones sexuelles (œstrogènes et progestérone) sécrétées par les ovaires qui permettent la synchronisation des 2 cycles. En se fixant à des récepteurs spécifiques sur des cellules cibles, ces hormones vont permettre un développement cyclique de la paroi de l'utérus synchronisé avec le cycle ovarien.

10 Expliquer ce qui permet la synchronisation des cycles ovarien et utérin.

11 Nommer les organes qui libèrent les hormones sexuelles.

ACTIVITÉ NUMÉRIQUE

- Aller sur le site : https://www.youtube.com/watch?v=9wK8G6OrDZA
- Regarder la vidéo « Au cœur des organes : le cycle ovarien » et répondre aux questions.

1. Expliquer quand commence et se termine la production des ovules chez la femme.

2. Nommer les cellules qui sont à l'origine de l'ovule.

3. Nommer la cellule qui libère un ovocyte (qui deviendra un ovule) le 14e jour du cycle.

4. Préciser de quel organe proviennent les règles.

5. Expliquer en quoi le col de l'utérus est lui aussi synchronisé avec les autres cycles de l'appareil reproducteur féminin.

6. Nommer ce qui permet la synchronisation de tous ces cycles au niveau de l'appareil reproducteur féminin.

Activité 2 L'appareil reproducteur masculin

OBJECTIF : Expliquer la physiologie de l'appareil reproducteur masculin pour la production de spermatozoïdes.

1 Compléter le **DOC.D** à l'aide du tableau.

Les organes de l'appareil génital masculin	
Noms	**Rôles**
Pénis	Il permet la pénétration lors de l'érection.
Testicules	Ils produisent les spermatozoïdes et les hormones sexuelles (testostérone) responsables de l'apparition et du maintien des caractères sexuels secondaires (ex. : pilosité plus marquée au niveau du visage).
Urètre	Il permet le passage du sperme et de l'urine.
Vésicules séminales	Elles libèrent un liquide qui compose en partie le sperme.
Prostate	
Canal déférent	Il permet le transport et la maturation des spermatozoïdes.

DOC.D L'appareil génital masculin

Ce que vous pouvez voir :

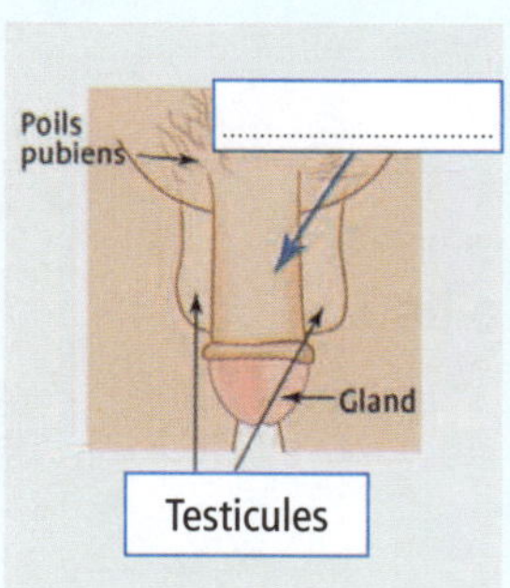

Ce que vous ne pouvez pas voir :

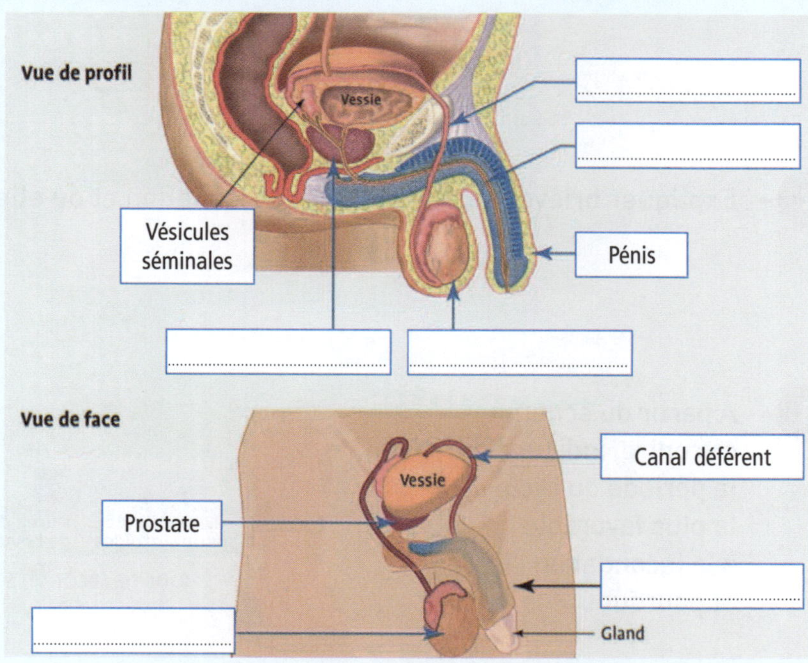

2 Indiquer le nom des gamètes mâles (= cellules reproductrices de l'homme).

....

3 Citer le lieu de production des gamètes mâles en précisant l'autre élément produit à cet endroit.

....

....

Activité 3 La reproduction

OBJECTIF : Décrire les étapes de la reproduction, de la production des gamètes jusqu'à la nidation.

Lire le DOC.E et répondre aux questions.

DOC.E Vers la fécondation

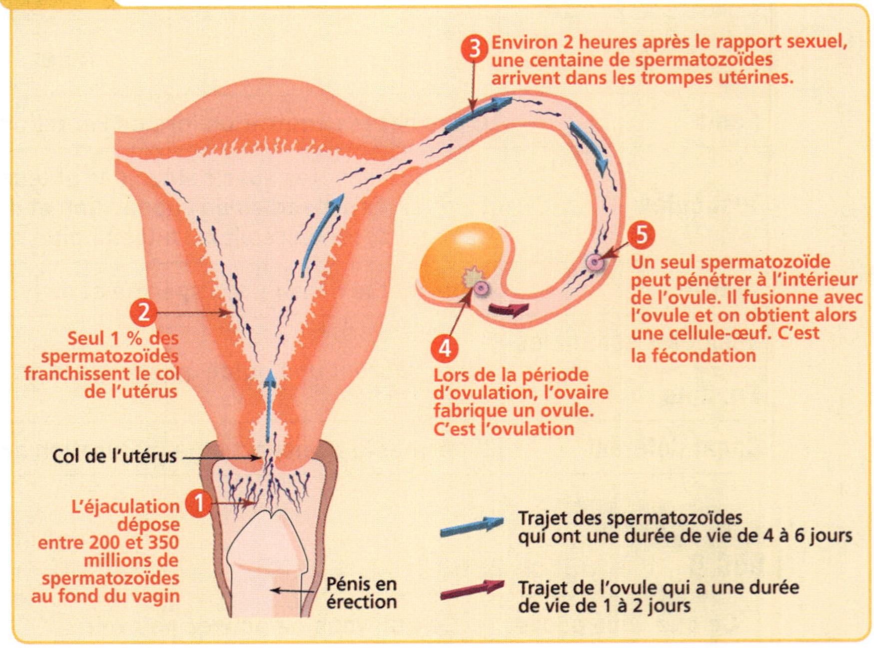

1 Indiquer les 2 types de cellules nécessaires à la fécondation.

....

....

2 Expliquer brièvement ce qu'est la fécondation et où elle a lieu.

....

....

3 À partir du schéma ci-contre, indiquer la période du cycle la plus favorable à la fécondation et pourquoi.

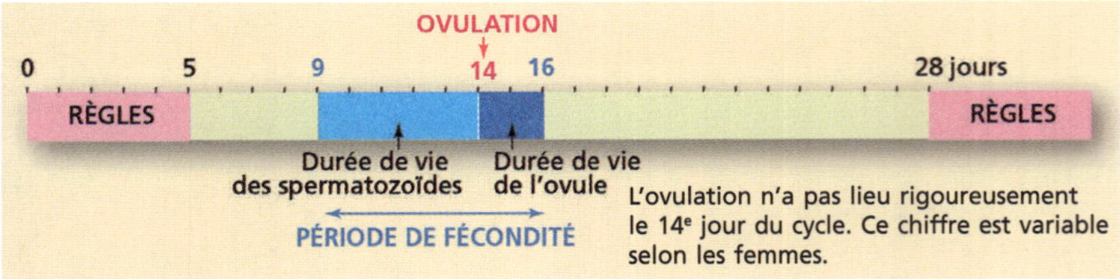

....

....

4 Expliquer si la fécondation est possible lors d'un rapport sexuel non protégé en dehors de la période donnée dans la question précédente.

....

....

....

DOC. F Vers la nidation

5 À l'aide du DOC. F, indiquer brièvement le devenir de la cellule-œuf après la fécondation.

....

....

....

....

....

Après la fécondation, la cellule-œuf va migrer jusqu'à la paroi de l'utérus pour pouvoir poursuivre son développement. Elle va s'y implanter : cette phase s'appelle la nidation. La nidation a lieu généralement entre le 7e et le 9e jour après la fécondation. Par la suite, l'embryon poursuivra son développement pour donner un fœtus.

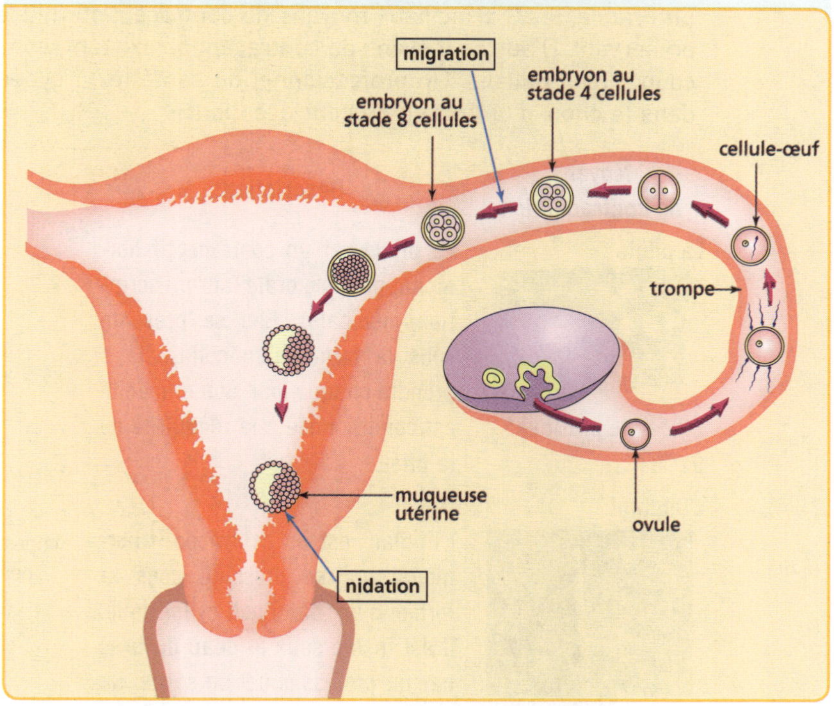

6 Nommer l'étape qui correspond à l'implantation de l'embryon dans la paroi de l'utérus.

....

ACTIVITÉ NUMÉRIQUE

- Regarder la vidéo « Symptômes de nidation » (https://www.youtube.com/watch?v=2rODjovuX58) et répondre aux questions.

Nathan live!

1. Indiquer le lieu de la fécondation.

....

2. Nommer le lieu où s'implante l'embryon.

....

3. Indiquer combien de jours après la fécondation a lieu la nidation.

....

4. Indiquer l'origine des symptômes qui peuvent être ressentis par la femme durant la nidation.

....

5. Citer 4 exemples de symptômes qui peuvent être ressentis durant la nidation.

....

....

....

....

Activité 4 Les moyens de contraception préventifs

OBJECTIF : Argumenter le choix d'une méthode de contraception préventive par ses intérêts et ses limites.

Lire le **DOC.G** et répondre aux questions.

DOC.G Les principaux moyens de contraception utilisés

En France, les 3 principaux moyens de contraception utilisés sont : la pilule, le stérilet et le préservatif. D'autres moyens de contraception existent, comme l'implant, mais ils sont beaucoup moins utilisés. Un professionnel de santé (ex. : gynécologue) peut guider la personne dans le choix d'un moyen de contraception.

Moyens de contraception	Descriptions	Modes d'action
La pilule 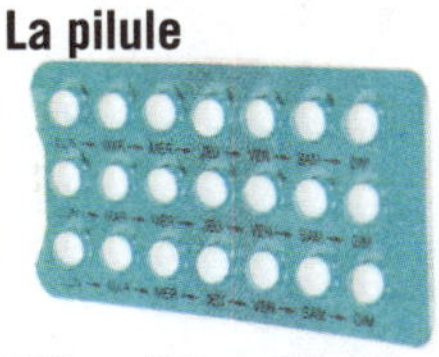 Efficacité pratique* : 91 %.	La pilule est un contraceptif hormonal par voie orale (sur prescription médicale). Elle se présente sous la forme d'un comprimé à prendre chaque jour. Son efficacité est conditionnée à la régularité de la prise.	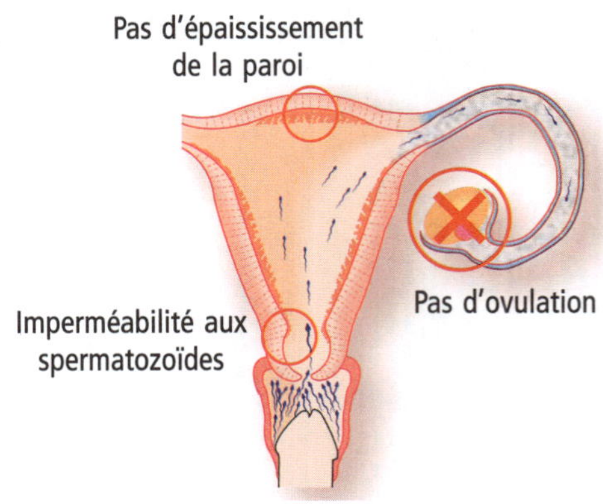
L'implant 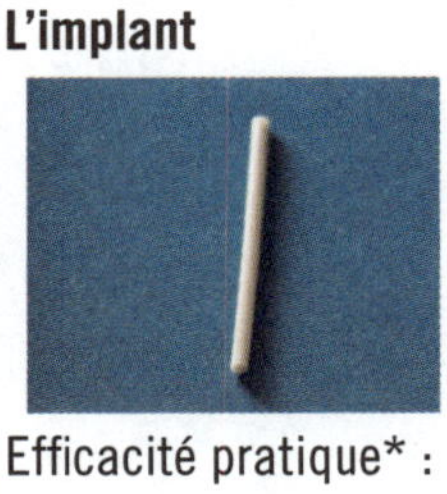 Efficacité pratique* : 99,9 %.	L'implant est un contraceptif hormonal qui se présente sous la forme d'un bâtonnet cylindrique. Il est inséré sous la peau du bras par un professionnel de santé. Sa durée d'action est de 3 ans.	
Le dispositif intra-utérin (ou stérilet) 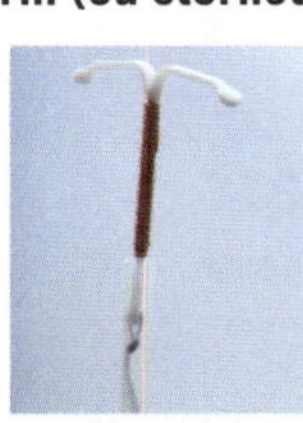 Efficacité pratique* : 99,8 %.	Le stérilet est un dispositif en forme de T placé dans l'utérus par un professionnel de santé. Sa durée d'action est d'environ 5 ans. Il peut être au cuivre ou hormonal.	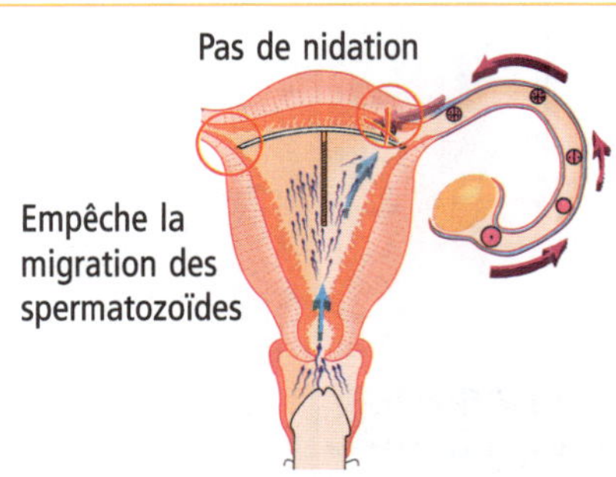 Les stérilets hormonaux associent à ce mode d'action celui de la pilule.
Le préservatif 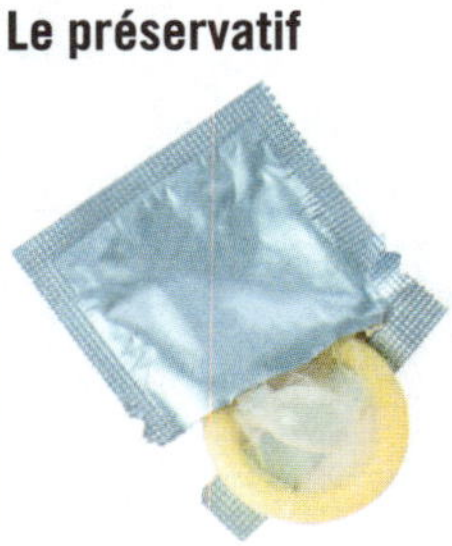 Efficacité pratique* : 85 % pour le préservatif masculin et 79 % pour le préservatif féminin.	Le préservatif masculin est une gaine en latex ou polyuréthane qui se déroule sur le pénis en érection et retient le sperme. Il peut s'acheter sans ordonnance. Son efficacité diminue grandement s'il est mal utilisé. Le préservatif féminin est une gaine munie d'un anneau souple aux deux extrémités et qui se place dans le vagin.	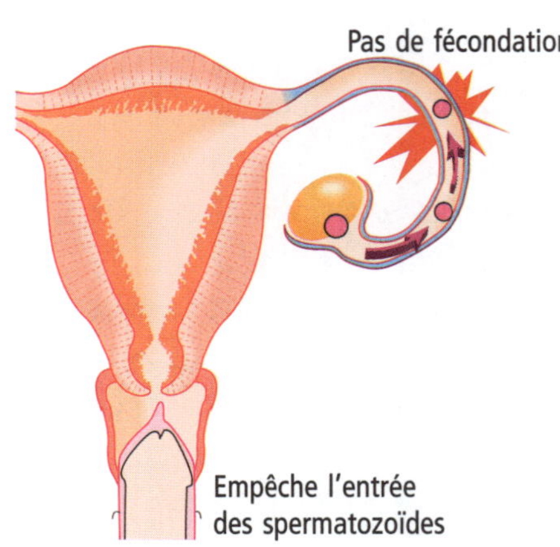

* L'efficacité pratique correspond à l'efficacité mesurée en prenant compte des erreurs d'utilisation, des oublis…

1 Classer toutes les méthodes de contraception citées dans le **DOC. G** dans l'ordre décroissant de leur efficacité pratique.

....

....

2 Citer un intérêt et une limite d'utilisation du préservatif pour un jeune couple qui voudrait avoir leur première relation sexuelle.

Intérêt : .... **Limite :** ....

3 Proposer un moyen de contraception adapté à chacun des cas suivants, en justifiant.

- Samia, 18 ans, un peu tête en l'air, voudrait avoir des relations sexuelles avec Steeve, qui est allergique au latex.

Choix possible : ....

Pourquoi ? ....

- Romi, 16 ans, souhaite avoir des relations sexuelles. Elle voudrait un moyen de contraception qui ne lui impose pas de prise ou d'achat régulier.

Choix possible : ....

Pourquoi ? ....

4 En vous appuyant sur le mode d'action de la pilule et du préservatif, justifier l'intérêt possible de l'utilisation simultanée de ces 2 moyens de contraception.

....

....

....

....

5 D'après vos connaissances, indiquer quel professionnel de santé peut donner des conseils dans le choix d'une méthode de contraception préventive.

....

....

ACTIVITÉ NUMÉRIQUE

- Aller sur le site https://www.choisirsacontraception.fr et répondre aux questions

1. Citer tous les moyens de contraception qui n'ont pas été abordés dans l'activité.

....

2. Regarder les vidéos sur les préservatifs féminin et masculin et indiquer l'avantage commun que présentent ces 2 types de préservatifs.

....

3. Observer le tableau récapitulatif proposé par le site et donner le(s) moyen(s) de contraception correspondant aux critères suivants:
> Pas de manipulation pendant le rapport et efficacité pratique supérieure à 99 % :

....

> Pas de pose par un professionnel, sans hormones, efficacité pratique supérieure à 80 % et prix le plus bas :

....

Activité 5

La contraception d'urgence et l'IVG

OBJECTIF : Distinguer contraception d'urgence et interruption volontaire de grossesse (IVG).

Lire le DOC.H et répondre aux questions.

DOC.H Informations sur la contraception d'urgence

Dans le cas d'un rapport sexuel à risque, il existe une contraception « de rattrapage » : la pilule du lendemain et la pilule du surlendemain. La pilule du lendemain agit en empêchant les ovaires de libérer un ovule, ce qui permet d'éviter la rencontre avec un spermatozoïde. Son efficacité est maximale si elle est prise très rapidement après rapport non protégé, mais pas garantie.

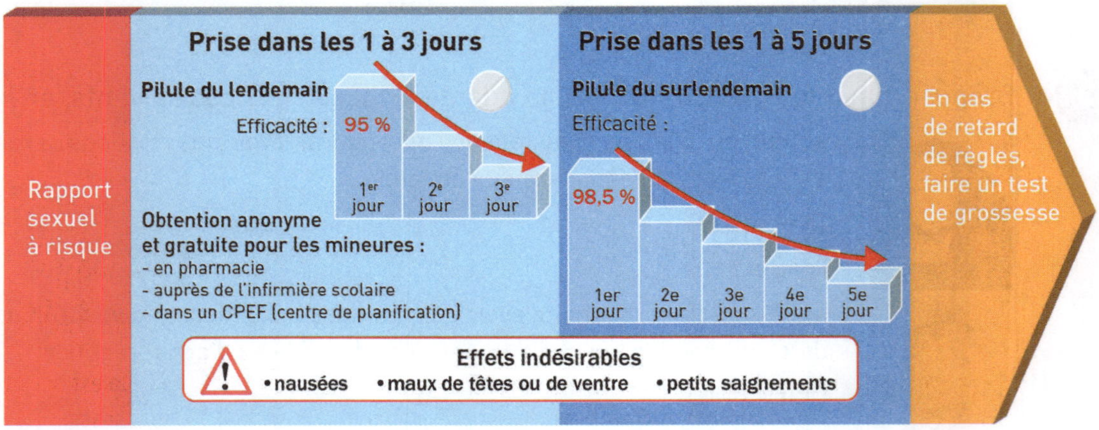

L'utilisation doit rester occasionnelle. Après la prise de l'une de ces pilules, il faut utiliser un préservatif jusqu'au retour des règles suivantes. Ces pilules ne peuvent pas remplacer la prise d'une contraception régulière associée à un suivi médical.

1 Préciser à quoi peut correspondre un rapport à risque lors d'une relation sexuelle.

....

....

2 Souligner, dans le DOC. H, le mode d'action de la pilule du lendemain.

3 Préciser la période de prise conseillée pour la pilule du lendemain ou du surlendemain.

....

4 Pour chacun des cas suivants, précisez si la prise de la pilule du lendemain est utile ou inutile en cochant la case appropriée.

- Cela fait 6 jours que Frank et Claire ont eu un rapport sexuel non protégé.

☐ UTILE ☐ INUTILE

- Chloé a eu un rapport sexuel avec préservatif hier. Ce dernier s'est rompu. Elle n'utilise aucun autre moyen de contraception.

☐ UTILE ☐ INUTILE

5 Dans le cas suivant, indiquer le lieu possible où se procurer un moyen de contraception d'urgence.

- Isabella, 17 ans, a eu un rapport sexuel non protégé et n'ose pas en parler au lycée ou à ses parents.

....

6 Expliquer pourquoi il est préférable d'utiliser une méthode contraceptive préventive (comme la pilule classique) plutôt qu'un moyen de contraception d'urgence.

....

....

Lire le **DOC. I** et répondre aux questions.

DOC. I L'IVG

En cas d'échec de la contraception d'urgence ou si l'on ne souhaite pas aller au terme d'une grossesse, il est possible d'avoir recours à une IVG (Interruption Volontaire de Grossesse). Deux méthodes sont possibles, à condition de respecter les délais :

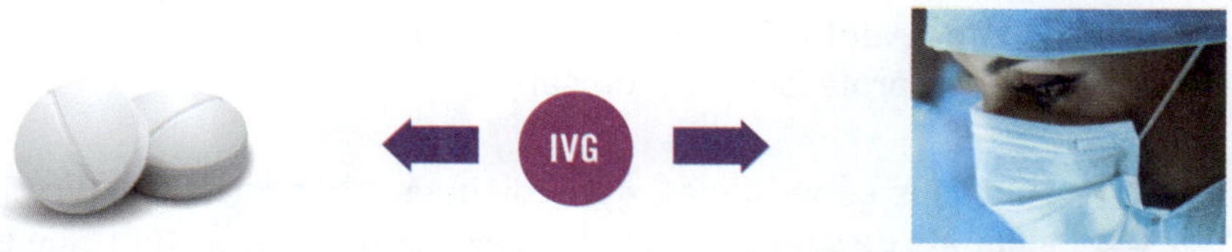

La **méthode médicamenteuse** est possible jusqu'à la 5e semaine de grossesse (jusqu'à la 7e en établissement de santé). Elle consiste à prendre 2 médicaments (l'un arrête la grossesse et l'autre provoque l'expulsion de l'œuf).

La **méthode chirurgicale** est possible jusqu'à la 12e semaine de grossesse. Elle consiste à une intervention chirurgicale (aspiration de l'œuf sous anesthésie).

Si la jeune femme est mineure, le consentement d'un parent (ou du représentant légal) est obligatoire ou elle doit être accompagnée par une personne majeure.

7 Expliquer brièvement en quoi consiste une IVG.

....

6 D'après le **DOC. I**, préciser le délai maximum pour pratiquer une IVG.

....

9 Expliquer la différence entre la contraception d'urgence et l'IVG en complétant le schéma ci-dessous à l'aide des termes suivants :
Grossesse non désirée – Contraception d'urgence – Rapport sexuel non ou mal protégé – IVG (dans le respect de la réglementation)

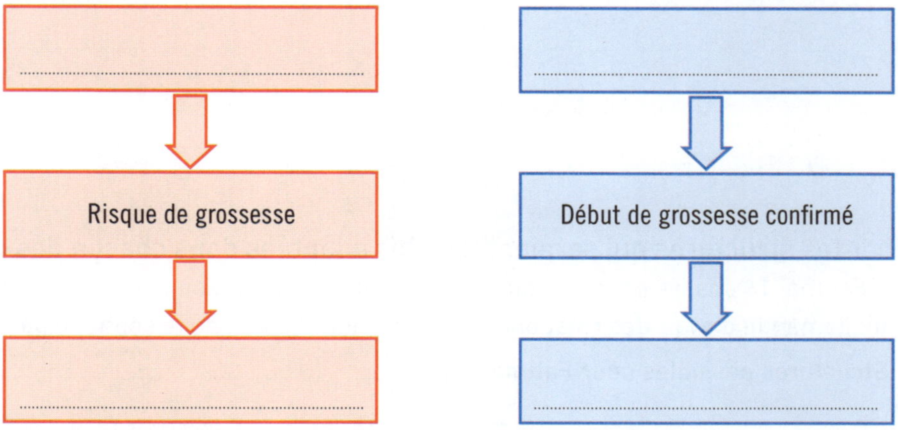

Activité 6 Les structures d'accueil, d'aide et de soutien

OBJECTIF : Identifier les missions des structures d'accueil, d'aide et de soutien.

Lire le **DOC.J** et répondre aux questions.

DOC.J Les structures d'accueil, d'aide et de soutien sur la contraception

CPEF – Centre de planification ou d'éducation familiale

Les **CPEF** (Centres de Planification ou d'Éducation Familiale) sont des lieux d'accueil et d'écoute qui proposent des consultations médicales anonymes et gratuites, notamment pour les mineurs. De plus, ils permettent d'informer sur différents domaines comme la sexualité, l'éducation familiale, le couple ou encore les problématiques gynécologiques et la contraception.

Il existe de nombreuses **associations** dans le domaine de la contraception, comme l'Association Française de Contraception (AFC).
Ces associations peuvent guider dans de nombreux domaines : informations, réglementation, orientation vers des professionnels de santé...

Médecins généralistes, gynécologues, pharmaciens, infirmières..., **tous les professionnels de santé** peuvent bien évidemment apporter l'aide et le soutien nécessaires en matière de contraception et de prévention de la grossesse.

De nombreux **sites Internet, centres d'appels**... sont aussi de parfaits compléments pour l'information, l'aide, l'écoute, le soutien et l'échange dans le domaine de la sexualité et de la contraception (prévention de la grossesse).

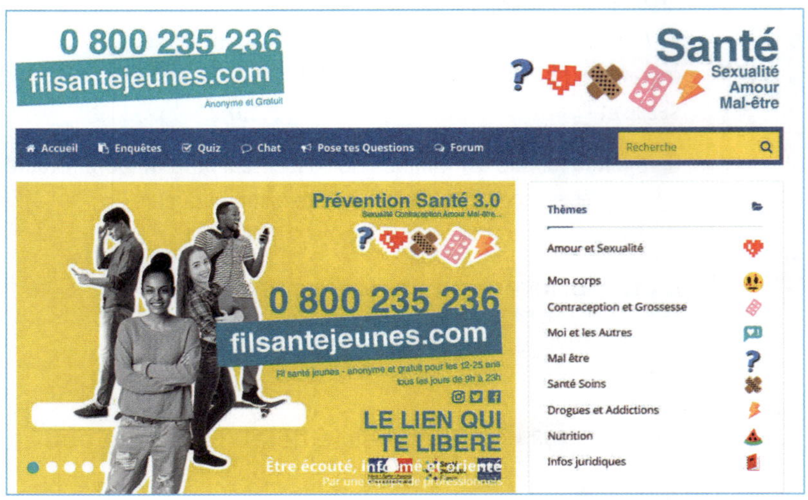

www.filsantejeunes.com

1 **Identifier les missions générales des structures d'accueil, d'aide et de soutien sur la contraception.**

....

....

....

2 **Identifier les structures qui seraient les plus adaptées dans chacun des cas suivants.**

• Fatima, 14 ans, se pose des questions sur la sexualité. Son petit ami devient insistant et lui demande d'avoir des relations sexuelles alors qu'elle ne le souhaite pas pour l'instant.

Structures possibles pour Fatima : ....

....

• Angèle, 15 ans, vient de faire un test de grossesse et découvre qu'elle est enceinte. Elle a peur d'avouer sa grossesse à son père. Elle ne veut pas garder l'enfant et souhaite une consultation médicale rapide.

Structures possibles pour Angèle : ....

....

ACTIVITÉ NUMÉRIQUE

• **Aller sur le site : https://ivg.gouv.fr/les-centres-de-planification-ou-d-education-familiale.html**

1. Trouver le CPEF le plus proche de chez vous (préciser l'adresse complète et le numéro de téléphone).

....

....

....

....

....

2. Rechercher sur Internet en quoi le Centre Gratuit d'Information, de Dépistage et de Diagnostic (CeGIDD) peut être considéré comme une structure d'aide ou de soutien sur la contraception.

....

....

....

3. Recherchez l'adresse du CeGIDD le plus proche de chez vous.

....

....

....

• **Aller sur le site : https://ivg.gouv.fr/**

1. Indiquer le Numéro Vert à composer pour avoir toutes les informations souhaitées sur l'IVG.

....

2. Préciser le nom, l'adresse et le numéro de téléphone d'une structure près de chez vous (autre que le CPEF) qui peut vous informer sur l'IVG et la contraception.

....

....

....

....

3. Indiquer les 3 types d'informations que l'on peut trouver sur ce site.

....

....

....

4. Mentionner ce que contient le document téléchargeable sur ce site.

....

....

....

....

....

Aide-mémoire

La contraception

Les appareils reproducteurs

Chez la femme, les ovaires produisent les ovules (= gamètes femelles) et les hormones sexuelles (progestérone et œstrogènes) qui sont responsables de la synchronisation des cycles ovarien (= l'ovulation) et utérin (= les règles). Chez l'homme, les testicules produisent les spermatozoïdes (= gamètes mâles) et les hormones sexuelles (testostérone).

La reproduction

Après un rapport sexuel, si la femme a fabriqué un ovule, un spermatozoïde peut alors fusionner avec l'ovule pour former une cellule-œuf. Cette cellule-œuf se divise pour former un embryon et se dirige vers l'utérus pour s'y implanter : c'est la nidation.

La contraception préventive

La contraception a pour but de permettre des relations sexuelles sans risque de grossesse non désirée. Différents moyens existent : la pilule, le préservatif, le stérilet… Ils présentent tous des intérêts et des limites.

La contraception d'urgence et l'IVG

La contraception d'urgence (ex. : la pilule du lendemain) peut être utilisée après un rapport sexuel à risque. Son utilisation doit rester occasionnelle.

L'IVG (Interruption Volontaire de Grossesse) permet de ne pas aller au terme d'une grossesse mais il faut respecter les délais légaux (12 semaines de grossesse maximum).

Les structures d'accueil, d'aide et de soutien

Il existe de nombreuses structures, dont les CPEF (Centres de Planification et d'Éducation Familiale), qui ont pour missions : l'information, l'écoute, l'orientation et la prise en charge des personnes afin de prévenir la grossesse (ou de l'accompagner).

Schéma-bilan

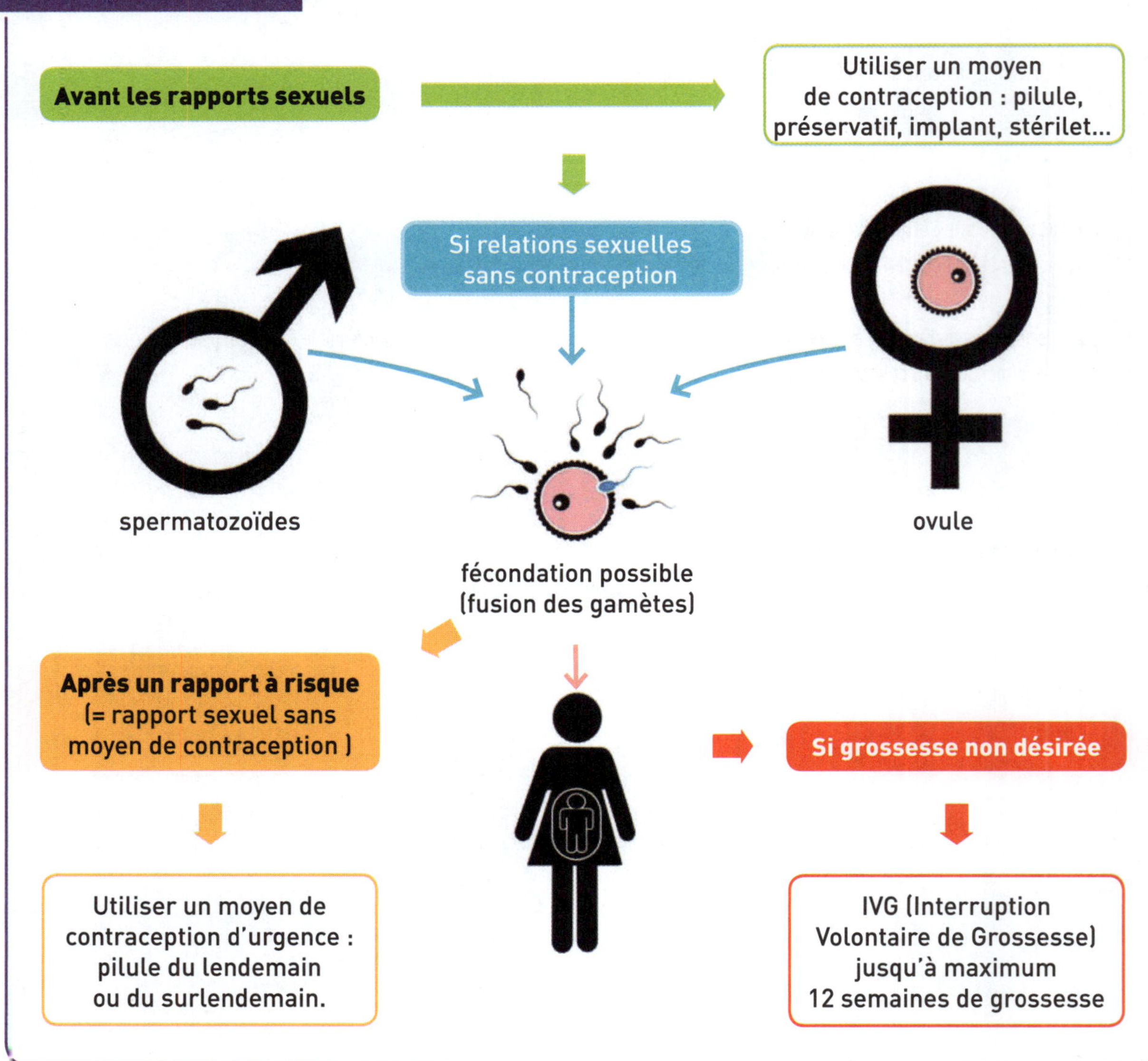

Évaluation

Nom : ....

Prénom : ....

Classe : ....

SITUATION

Durant les grandes vacances, Axel et Camille, ensemble depuis maintenant un an, ont leur première relation sexuelle. Anxieux, Axel ne met pas de préservatif, de peur de mal le mettre. Camille, elle, n'a pas de moyen de contraception et ne l'a pas dit à Alex. 8 semaines plus tard, Camille apprend qu'elle est enceinte. Les deux jeunes gens décident d'aller ensemble dans un CPEF.

1 Compléter le tableau suivant afin d'identifier les différents éléments de la situation.

QUI ? Qui sont les personnes concernées ?	
QUAND ? Quand leur problème a-t-il lieu ?	
QUOI ? Quel est leur problème ?	
POURQUOI ? Pourquoi rencontrent-ils ce problème ?	
COMMENT ? Que font-ils pour régler ce problème ?	

2 Compléter le DOC. A, qui explique la fécondation qui s'est opérée chez Camille.

DOC. A

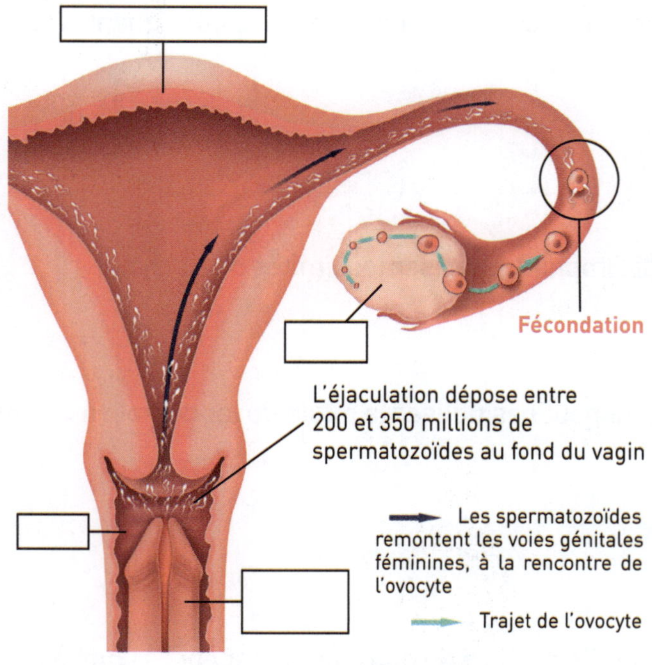

– Nom des gamètes mâles : ....

– Nom des gamètes femelles : ....

– Nom de l'organe qui fabrique les gamètes mâles : ....

– Nom de l'organe qui fabrique les gamètes femelles : ....

3 Indiquer le nom de l'étape qui suit la fécondation et qui correspond à l'implantation de l'embryon dans la paroi de l'utérus.

....

Évaluation

4 Donner la définition du sigle « CPEF ».

....

Camille ne souhaitant pas aller au terme de cette grossesse, le CPEF l'oriente vers une structure pour une IVG.

5 Justifier le fait que Camille a la possibilité d'avoir recours à une IVG légalement.

....

Après l'IVG, Camille et Alex décident d'utiliser un moyen de contraception préventive. Observer le **DOC. B** et répondre aux questions.

DOC. B

Type de contraception	Utilisation	Prise et effet	Inconvénients
Préservatif	À poser soi-même, usage unique	Durée du rapport	Allergies possibles, moins efficace si mal mis, déchiré...
Pilule	À ingérer	Tous les jours (avec 1 semaine de pause pour certaines pilules)	Effets secondaires, risque d'oubli.
Stérilet	Placé à l'intérieur de l'utérus par un médecin	Jusqu'à 5 ans	Risque d'infection des trompes
Implant	Bâtonnet placé sous la peau par un médecin	3 ans	Cher, effets secondaires.

6 Choisir, en justifiant, les moyens de contraception possibles pour Alex et Camille sachant qu'ils souhaitent un mode de contraception qui ne soit pas contraignant au quotidien, pour lui comme pour elle.

....

....

7 Finalement, Camille a choisi l'implant. Préciser les limites de ce choix.

....

8 Expliquer pourquoi Camille ne peut pas utiliser la pilule du lendemain à chaque fois qu'elle a un rapport sexuel.

....

....

9 Cocher ce que devra faire Camille si elle a de nouveau un rapport sexuel à risque.

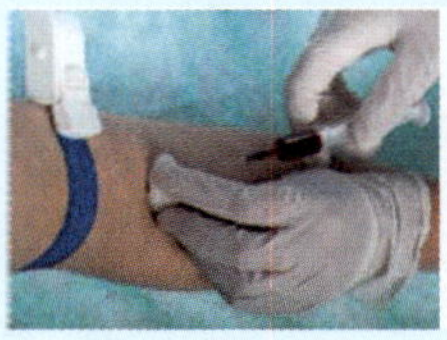

❑ Faire un test de dépistage des infections sexuellement transmissibles.

❑ Prendre la pilule du lendemain.

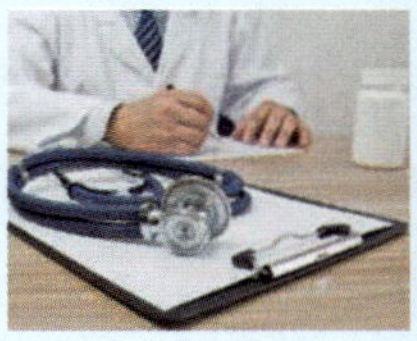

❑ Prendre rendez-vous chez le médecin ou le gynécologue.

6 L'alimentation écoresponsable

SITUATION Quelques chiffres

Un simple yaourt à la fraise parcourt l'équivalent de 9 000 km pour aller du producteur au consommateur compte tenu des distances couvertes par chaque matière première nécessaire à sa production : le lait, les fraises, le sucre, mais aussi l'emballage, l'étiquette, le conditionnement nécessaire au transport. Une fois le yaourt produit, il faut ajouter la distance qu'il franchit pour atteindre son point de vente...
Ces kilomètres parcourus ont de nombreux impacts sur l'environnement : consommation d'énergie, pollution de l'air, etc.
Or, en France, un million de yaourts sont jetés à la poubelle chaque jour, soit 12 yaourts par seconde ! Cela fait beaucoup d'énergie consommée et de pollution engendrée inutilement.
Et cet exemple peut se décliner sur de nombreux produits alimentaires transformés.
Aujourd'hui, les consommateurs prennent conscience de l'impact de leur consommation alimentaire et commencent à changer leurs comportements.

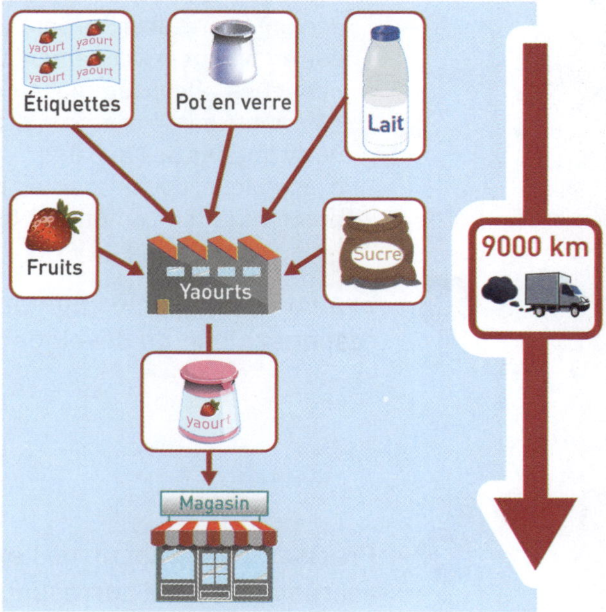

Analyse de la situation

1 Identifier les différents éléments de la situation en complétant le tableau.

QUI ? Qui est concerné dans la situation ?	
QUOI ? Quel est le problème de cette situation ?	
COMMENT ? Comment le problème se manifeste-t-il ?	
POURQUOI ? Pourquoi faut-il réagir ?	

2 Formuler la problématique de la situation à partir de votre analyse précédente.

....

....

Activité 1

Le consommateur écoresponsable

OBJECTIF : Identifier les critères d'un comportement de consommateur écoresponsable.

Lire le **DOC. A** et répondre aux questions.

DOC. A Le développement durable et le consommateur écoresponsable

Le développement durable se définit comme un développement répondant aux besoins des générations actuelles tout en préservant les ressources pour les générations futures. Il s'appuie sur un pilier environnemental, un pilier social et un pilier économique. La consommation écoresponsable implique la prise en compte par le consommateur des critères de développement durable dans ses achats (respect de l'environnement, viabilité économique, équité sociale). Le consommateur écoresponsable prend aussi en compte les bienfaits pour la santé.

Représentation schématique du développement durable

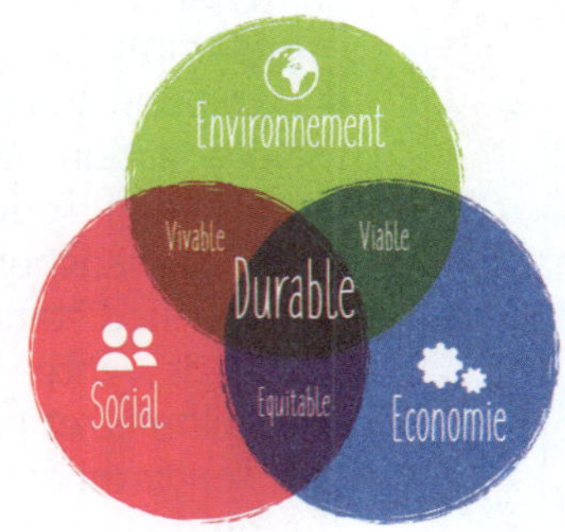

1 **Expliquer en quoi les notions de consommateur responsable et de développement durable sont liées.**

....

....

2 **Préciser, pour chacun des exemples suivants, à quel critère du consommateur écoresponsable il correspond (aspect social, aspect économique, aspect environnemental ou bienfaits pour la santé).**

- Acheter des produits avec peu d'emballages : ....
- Acheter des produits fabriqués dans de bonnes conditions de travail : ....
- Acheter un produit qui n'a pas été traité aux pesticides : ....
- Acheter des produits qui favorisent la création d'emploi : ....

Lire le **DOC. B** et répondre aux questions.

DOC. B Les circuits courts

Les circuits courts présentent plusieurs avantages :
- pour le consommateur, qui bénéficie de prix souvent moins élevés qu'en magasins traditionnels ;
- pour le producteur, qui bénéficie d'une rémunération plus juste du fait de l'absence d'intermédiaires ;
- pour l'économie, en favorisant les emplois locaux ;
- pour l'environnement, car le transport des produits est limité et les emballages diminués.

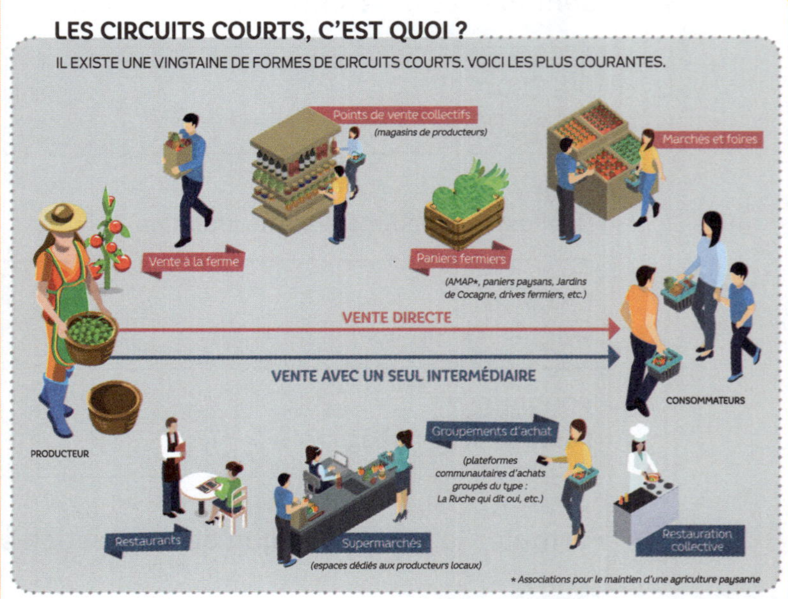

Département de la Loire / Scoop Communication

3 Indiquer ce qui caractérise un circuit court.

4 Expliquer par 3 arguments pourquoi les circuits courts participent à une consommation écoresponsable.

Lire le **DOC.C** et répondre aux questions.

DOC.C Différents repères pour le consommateur écoresponsable

Il existe des repères sur certains produits de consommation afin d'aider les consommateurs à faire des choix écoresponsables (on trouve généralement ces repères sur les étiquettes des produits).
Il existe notamment un label certifiant que les produits sont « bio », c'est-à-dire issus de l'agriculture biologique :

L'**agriculture biologique** est un mode de production n'utilisant ni produits chimiques ni pesticides de synthèse, et fondé sur le recyclage des matières organiques. L'élevage d'animaux des fermes biologiques doit aussi respecter des conditions de vie respectueuses du bien-être animal. Ce mode de production fait l'objet d'un cahier des charges dont le respect permet d'obtenir le label « Agriculture biologique » (AB). D'autres repères de consommation « bio » ont vu le jour mais la certification « Agriculture biologique » reste un prérequis pour l'obtention de ces autres repères qui présentent, eux, des exigences renforcées sur d'autres aspects.

Le consommateur peut également trouver des **produits issus d'exploitations qualifiées au titre de l'agriculture raisonnée**. L'agriculture raisonnée est un système de production agricole dans lequel l'agriculteur cherche à concilier les exigences de la production et le respect de l'environnement. Sorte de « transition » entre l'agriculture intensive et l'agriculture biologique, elle prend en compte les préoccupations environnementales mais s'affranchit de certaines contraintes propres à l'agriculture biologique, et permet notamment le recours aux pesticides et engrais chimiques.

5 Nommer les exemples de repères donnés dans le texte qui peuvent servir de référence au consommateur écoresponsable.

6 Expliquer pourquoi on peut dire qu'acheter des produits labellisés « Agriculture biologique » a un impact environnemental.

7 Expliquer la principale différence qui existe entre un label « Agriculture biologique » et la qualification « Agriculture raisonnée ».

Lire le **DOC.D** et répondre aux questions.

DOC.D Le consommateur écoresponsable et la saisonnalité

Quelques légumes de juin en France

Consommer écoresponsable, c'est aussi respecter la saisonnalité des produits, c'est-à-dire consommer un aliment quand il arrive naturellement à maturité dans sa zone de production. Certains légumes, comme la carotte, peuvent être produits toute l'année en France. Mais la plupart des fruits et légumes arrivent à maturité à une période particulière de l'année. Quand un légume est acheté « hors saison », cela signifie qu'il a été soit produit dans un pays (généralement lointain) avec une saisonnalité différente, soit produit localement mais sous serres chauffées. Dans ces deux cas, le transport ou la production consomme plus d'énergie et rejette plus de gaz à effet de serre (responsables de l'élévation de la température sur notre planète) qu'une production locale en plein air.

8 **Expliquer comment on peut trouver de nombreux fruits et légumes tout au long de l'année dans les magasins.**

....

....

9 **Justifier pourquoi on ne peut pas manger des fraises tout au long de l'année si on veut agir de manière écoresponsable.**

....

....

....

....

ACTIVITÉ NUMÉRIQUE

- Aller sur le site : https://www.youtube.com/watch?v=4YDELQQcYCw
- Regarder la vidéo « Budget des Français » et répondre aux questions.

1. Expliquer si la consommation écoresponsable ne concerne que le domaine de l'alimentation (justifierz à l'aide d'exemples).

....

2. Énumérer tous les exemples en lien avec l'alimentation écoresponsable.

....

- Télécharger l'application Kwalito.

3. Expliquer le principe général de cette application.

....

....

Activité 2 Le gaspillage alimentaire

OBJECTIF : Analyser les causes et les conséquences du gaspillage alimentaire.

Lire le **DOC.E** et répondre aux questions.

DOC.E Le gaspillage alimentaire en quelques chiffres

Sydetom 66 – Marcel Pixel

1. Identifier les 2 étapes où il y a le plus de gaspillage alimentaire.

....

2. Préciser la quantité de nourriture (en tonnes) qui finit à la poubelle dans le monde.

....

3. Indiquer la proportion de produits non déballés et jetés par les Français, et expliquer à quoi correspondent ces produits.

....

....

Lire le **DOC.F** et répondre aux questions.

DOC.F Les causes du gaspillage

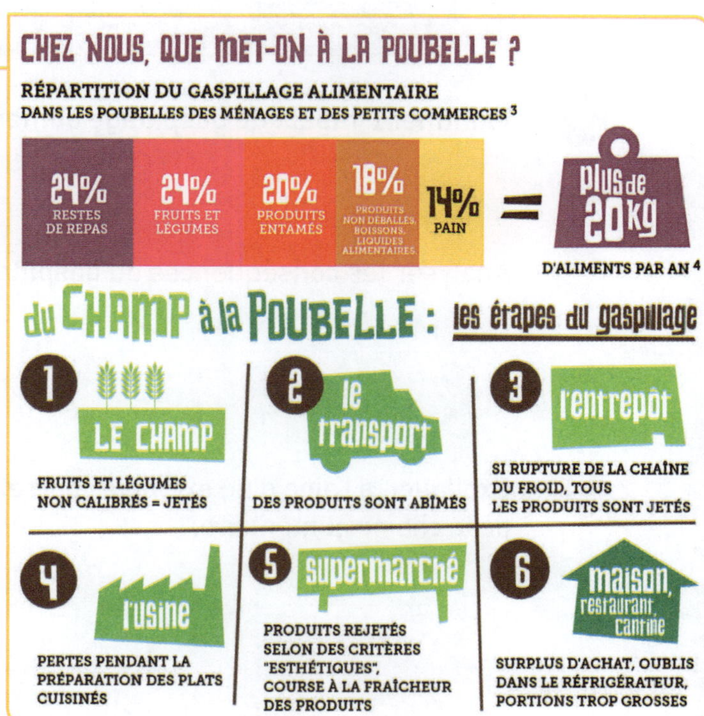

France Nature Environnement

4. Donner 2 exemples de gaspillage alimentaire dans les 2 secteurs suivants.
   - Dans le secteur de la production agricole : ....
     ....
   - Dans le secteur de la consommation à domicile : ....
     ....

5. Identifier les 2 principaux aliments gaspillés par les ménages.

....

....

Lire le DOC.G et répondre aux questions.

DOC.G Les conséquences du gaspillage alimentaire

France Nature Environnement

6 Identifier l'impact du gaspillage alimentaire sur le réchauffement climatique.

....

7 Analyser les conséquences du gaspillage alimentaire sur l'eau.

....

....

8 Expliquer, à l'aide d'un exemple concret, comment l'énergie est gaspillée tout au long de la chaîne alimentaire.

....

....

....

9 Cocher le type de conséquences possibles lorsqu'un produit alimentaire va du producteur au consommateur en parcourant beaucoup de kilomètres.

- ☐ Conséquences énergétiques
- ☐ Conséquences sur la consommation de l'eau
- ☐ Conséquences sur l'émission de gaz à effet de serre
- ☐ Conséquences sur les terres agricoles

10 Expliquer les conséquences du gaspillage alimentaire pour les terres.

....

....

....

Lire le **DOC. H** et répondre aux questions.

DOC. H Une autre forme de gaspillage

Le plastique est très utilisé pour produire des emballages alimentaires. Il permet de conserver les denrées périssables de manière hygiénique et devrait ainsi lutter contre le gaspillage alimentaire. Toutefois, une étude publiée en avril 2018 par les associations Les amis de la Terre Europe et Zero Waste Europe contredit cette idée, indiquant que, depuis les années 1950, le gaspillage alimentaire et les déchets plastiques augmentent en parallèle.
De plus, le plastique contribue au gaspillage des ressources : souvent peu recyclés par le consommateur ou peu recyclables (le taux du recyclage du plastique en Europe n'est que de 30 %), les emballages finissent souvent en décharge ou en incinérateur.
Enfin, les plastiques rejetés dans la nature s'accumulent dans les océans et sur les plages. Les conséquences pour la faune et la flore, notamment aquatique, sont alors de plus en plus préoccupantes.

11 Donner 2 arguments pour expliquer que l'utilisation du plastique pour les emballages alimentaires contribue au gaspillage.

....

....

....

....

....

Activité 3 La lutte contre le gaspillage et la surconsommation

OBJECTIF : Proposer des mesures de prévention individuelles et collectives pour limiter le gaspillage et la surconsommation.

Lire le **DOC. 1** et répondre aux questions.

DOC. 1 La réglementation en vue de limiter le gaspillage et la surconsommation

La prise de conscience progressive des impacts du gaspillage alimentaire sur l'environnement a conduit les États à se mobiliser pour lutter contre ce phénomène et inverser la tendance.
En France, un Pacte national de lutte contre le gaspillage alimentaire a été présenté en 2013. Depuis, de nombreuses mesures sont proposées pour lutter contre le gaspillage alimentaire et la surconsommation.

- La **loi relative à la lutte contre le gaspillage alimentaire (11 février 2016)** a pour objectif de lutter contre le gaspillage alimentaire dans les écoles, les restaurants et chez les distributeurs (par exemple, mise en place d'actions à l'école pour sensibiliser les jeunes sur la nourriture gaspillée ou encore interdiction aux grandes surfaces de plus de 400 m² de jeter de la nourriture).
- La **loi « Agriculture et alimentation » (1er novembre 2018)** a notamment pour objectifs :
  – de favoriser une consommation saine et accessible à tous. Elle rend notamment obligatoire, à partir du 1er juillet 2021, la possibilité pour le consommateur d'emporter les aliments ou boissons non consommés sur place dans les restaurants et les débits de boissons, qui doivent mettre à disposition des contenants réutilisables ou recyclables ;
  – de réduire l'utilisation du plastique alimentaire. La loi prévoit l'interdiction des bouteilles d'eau en plastique dans les cantines scolaires en 2020, mais également l'interdiction des touillettes et pailles en plastique dans la restauration, la vente à emporter, les cantines et les commerces alimentaires.

1 Préciser où l'on trouve les mesures collectives mises en place par l'État pour lutter contre le gaspillage et la surconsommation.

2 Indiquer les 2 grands thèmes sur lesquels la France propose des mesures collectives.

3 Proposer 2 exemples d'actions collectives concrètes possibles dans un lycée afin de lutter contre le gaspillage alimentaire (vous pouvez aussi vous aider de ce qui se pratique dans votre établissement scolaire).

Lire le DOC.J et répondre aux questions.

DOC.J Les achats écoresponsables

Sydetom 66 – Marcel Pixel

4 Compléter le tableau ci-dessous en indiquant, pour chacune des 4 mesures présentées dans le DOC.J, en quoi elle est écoresponsable.

Mesure	Pourquoi est-elle écoresponsable ?

5 À l'aide des photos suivantes, compléter le tableau avec d'autres mesures individuelles pour lutter contre le gaspillage et la surconsommation.

Mesure	Objectif

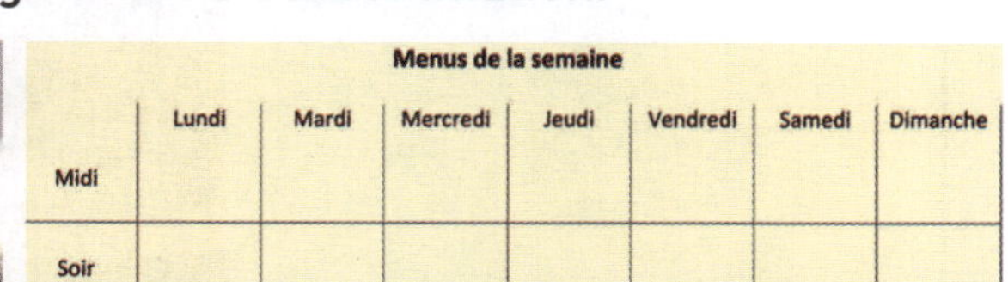

Menus de la semaine

	Lundi	Mardi	Mercredi	Jeudi	Vendredi	Samedi	Dimanche
Midi							
Soir							

Mesure	Objectif

Aide-mémoire

L'alimentation écoresponsable

Le consommateur écoresponsable

Le consommateur écoresponsable est conscient de l'impact de sa consommation. Il agit ainsi sur différents domaines : l'environnement, l'aspect économique, l'aspect positif pour la société et les bienfaits pour la santé. Pour des achats écoresponsables, on peut, par exemple, utiliser comme repères les labels (ex. : « Agriculture biologique »), favoriser les circuits courts ou encore consommer des fruits et légumes de saison.

Le gaspillage alimentaire

Le gaspillage alimentaire est très important : il représente plus de 30 % de la nourriture produite et se situe surtout dans la production agricole et la consommation à domicile. Ce sont principalement les surplus d'achat, les portions trop grosses et les oublis dans le réfrigérateur qui sont responsables du gaspillage à domicile. Les conséquences de ce gaspillage sont très importantes : augmentation des émissions des gaz à effet de serre, gaspillage d'eau ou encore dépense énergétique très importante.

La lutte contre le gaspillage et la surconsommation

Pour lutter contre le gaspillage et la surconsommation, il est possible de mettre en place des mesures collectives (notamment par la réglementation) et des mesures individuelles (qui dépendent du comportement de chacun).

Schéma-bilan

Le consommateur

Eco responsable

Tient compte de :
→ l'environnement ;
→ l'aspect économique ;
→ l'aspect positif pour la société ;
→ les bienfaits pour la santé.

lutte contre

Le gaspillage alimentaire et la surconsommation

Causes : Surconsommation, aliments déclarés impropres à la vente, aliments périmés…

Effets : Sur l'environnement (terre, eau, air, ressources…)

Mesures de prévention possibles :
- collectives (actions et lois possibles grâce à la réglementation)
- individuelles (comportement et responsabilisation de chacun)

Évaluation

Nom : ....

Prénom : ....

Classe : ....

SITUATION

Au lycée, Fanny se rend compte, lorsqu'elle dépose son plateau à la fin du repas à la cantine, qu'il y a énormément de déchets. Ses camarades ne se sentent pas concernés. Fanny essaye d'expliquer à ses plus proches amis les causes et les conséquences du gaspillage alimentaire.

1 – **Compléter le tableau suivant afin d'identifier les différents éléments de la situation.**

QUI ? Qui est la personne concernée ?	
OÙ ? Où a lieu cette situation ?	
QUOI ? Quel est le problème dans cette situation ?	
COMMENT ? Comment Fanny réagit face à cette situation ?	

Fanny explique, dans un premier temps, les coûts et les causes du gaspillage.
À partir du DOC. A, répondre aux questions.

2 – **Justifier le fait que le gaspillage alimentaire présente un coût économique et environnemental.**

....

....

....

3 – **Énumérer des exemples de cause de gaspillage alimentaire que l'on pourrait retrouver au domicile des consommateurs.**

....

....

....

DOC. A Le gaspillage

Le gaspillage a un coût économique, environnemental et social. Le coût direct des produits perdus ou gaspillés est estimé à 879 milliards d'euros par an.

Les coûts du gaspillage dans le monde

Chaque année, ce sont

- 250 KM³ d'eau gaspillés
- 3 300 millions de tonnes d'émissions de CO²
- 1 600 millions de tonnes de nourriture jetées
- 1,4 million d'hectares de terres gaspillées

Les principales causes

- Dates de péremption courtes
- Entreposage
- Transport
- Défauts mineurs et critères esthétiques
- Pertes liées à la préparation
- Oublis dans le réfrigérateur
- Surplus liés aux erreurs de commande

Évaluation

Fanny explique à ses amis qu'il faut avoir des gestes écoresponsables, notamment pour sauver la planète.

4 Indiquer 3 critères d'un comportement de consommateur écoresponsable.

....

Lors de leurs échanges, les jeunes parlent des produits bio.
Lire le DOC. B et répondre aux questions.

5 Expliquer brièvement ce qu'est un produit bio.

....

....

6 Expliquer, pour chacune des 2 modifications d'habitudes d'achat suivantes, pourquoi ces mesures sont en faveur de la consommation écoresponsable.

- Produits de saison : ....
- Produits frais : ....

DOC. B

1 consommateur bio sur 2 a modifié ses habitudes d'achat et/ou son comportement alimentaire

65 %	61 %	58 %
achètent plus de produits de saison	achètent plus de produits frais	évitent les pertes/ le gaspillage

(source : baromètre consommation Agence Bio / CSA Research, janvier 2017).

Fanny décide de participer dans son établissement à une campagne de lutte contre le gaspillage alimentaire à la cantine. Elle réalise une affiche (DOC. C).

7 À partir du DOC. C , expliquer le message que Fanny souhaite faire passer.

....

....

....

DOC. C

Trivalis – Augural

8 Proposer 2 autres mesures que l'on pourrait appliquer dans une cantine scolaire afin de limiter le gaspillage alimentaire.

....

....

7 Les risques majeurs

SITUATION Faits d'actualité

France, 15 octobre 2018 : des pluies violentes se sont abattues sur l'Aude et ont fait 12 morts. De nombreuses routes ont été coupées dans le nord du département, placé en vigilance rouge. Plus de 8 000 foyers ont été privés d'électricité dans l'Aude et l'Hérault et plus de 1 000 habitants de la commune de Pezens ont été évacués en raison de risques liés au débordement d'un barrage et aux inondations.

États-Unis, septembre 2017 : plus de 6,3 millions de personnes habitant la Floride ont dû évacuer les zones menacées par l'ouragan Irma. On a dénombré 25 morts et environ 1,2 million de personnes blessées dans tous les États touchés par cette tempête. Les vents ont atteint plus de 300 km/h pendant plus de 33 heures, ce qui a entraîné la privation d'électricité de 4 millions de personnes et occasionné des milliards de dollars de dégâts matériels (maisons, bateaux, infrastructures, etc.).

Dans ces deux cas, les institutions réfléchissent sur des moyens d'action afin d'éviter ou de limiter les conséquences de ces catastrophes sur la population et l'environnement.

Analyse de la situation

1 Identifier les différents éléments de la situation en complétant le tableau.

LES DANGERS ÉVOQUÉS (CAUSES)	→	LES DOMMAGES ÉVOQUÉS (CONSÉQUENCES)
....		....
....		....
....		....

2 Formuler la problématique de la situation à partir de votre analyse précédente.

....

....

Activité 1

Les risques majeurs

OBJECTIF : Identifier un risque majeur.

Lire le DOC.A et répondre aux questions.

DOC.A Le risque majeur

Un risque majeur se caractérise par une faible fréquence et une gravité très importante : il cause de nombreuses victimes et des dommages considérables aux biens et à l'environnement.
Généralement, on classe les risques majeurs en deux catégories :
– les risques naturels : avalanche, crue, tempête, séisme, feu de forêt, inondation... ;
– les risques technologiques : risque industriel, risque nucléaire, transport de matières dangereuses...
Voici la formule qui définit le risque majeur :

Le « risque majeur » est la conséquence d'un événement violent et exceptionnel, l'aléa, sur un secteur présentant des enjeux vulnérables.

Débordement lié à la montée des eaux. | Population, entreprises, infrastructures, zones classées. | Se caractérise par sa faible fréquence et son caractère exceptionnel.

1 À l'aide de la formule du risque majeur, compléter l'équation à partir du cas suivant.

Dans une usine de produits chimiques, qui se situe à proximité d'une ville, une explosion a lieu vers 17 h 17.

ALÉA + ENJEUX = Risque majeur

....

2 Expliquer le classement des risques majeurs.

....

....

Lire le DOC.B et répondre aux questions.

DOC.B L'accident de Fukushima

Le 11 mars 2011, un accident se produisait à la centrale nucléaire de Fukushima, au Japon, entraînant des rejets radioactifs très importants. Il s'agit de la plus grande catastrophe nucléaire depuis 1986, à l'origine de 1 700 cas de cancers mortels et 10 000 cas de cancers attendus au cours des 15 prochaines années. Cette catastrophe a eu d'autres conséquences : la contamination des terrains, des denrées alimentaires, du milieu marin...

3 Montrer que l'accident de Fukushima présente les deux caractéristiques du risque majeur.

....

....

4 Préciser la nature du risque majeur dans ce cas.

....

5 Justifier, pour chacun des cas suivants, s'il s'agit ou non d'un risque majeur.

➤ **Été 2018, canicule, France :** l'un des étés les plus chauds depuis 2003, plus de 7 000 consultations (urgences et SOS Médecins) et près de 2 000 décès liés à la chaleur, et des conséquences moins inattendues : une augmentation des accidents de la route (souvent dus à une fatigue accrue), une baisse importante de productions dans l'agriculture, la dégradation de routes, de bâtiments…

S'agit-il d'un risque majeur ? ☐ Oui ☐ Non
Si oui, quel est le type de risque majeur ? ☐ Naturel ☐ Technologique

Pourquoi ? ....

....

Mémorial des victimes de l'attentat de Nice

➤ **14 juillet 2016, attentat, France :** une attaque terroriste avec un camion roulant sur 2 km sur la Promenade des Anglais à Nice fait 458 blessés et 86 morts ainsi que de nombreux dégâts matériels.

S'agit-il d'un risque majeur ? ☐ Oui ☐ Non
Si oui, quel est le type de risque majeur ?
☐ Naturel ☐ Technologique

Pourquoi ? ....

....

➤ **Août 2018, noyades, France :** le bilan de la fin de l'été 2018 est lourd en ce qui concerne les noyades accidentelles : 952 noyades et 198 décès au total. Chez les moins de 6 ans, on compte 255 noyades, dont 80 % ont lieu dans des piscines privées familiales.

S'agit-il d'un risque majeur ? ☐ Oui ☐ Non
Si oui, quel est le type de risque majeur ? ☐ Naturel ☐ Technologique

Pourquoi ? ....

....

➤ **21 septembre 2001, explosion chimique, France :** l'usine AZF de Toulouse a été détruite par l'explosion d'un stock de nitrate d'ammonium, faisant 2 500 blessés, 31 morts et de lourds dégâts matériels chez les riverains (murs lézardés, vitres brisées, portes et fenêtres enfoncées, toitures envolées…).

S'agit-il d'un risque majeur ? ☐ Oui ☐ Non
Si oui, quel est le type de risque majeur ? ☐ Naturel ☐ Technologique

Pourquoi ? ....

....

Activité 2 Les risques majeurs au niveau local

OBJECTIF : Repérer les risques majeurs au niveau local.

Lire le DOC.C et répondre aux questions.

DOC.C Le DICRIM

Le DICRIM (Document d'Information Communal sur les RIsques Majeurs) recense les mesures de sauvegarde répondant aux risques naturels et technologiques majeurs sur la commune concernée.
L'objectif du DICRIM est de rendre le citoyen conscient des risques majeurs auxquels il peut être exposé. Librement accessible en mairie, ce document, établi par le maire, comprend 4 grands types d'informations :
- la connaissance des risques majeurs dans la commune ;
- les mesures prises par la commune ;
- les mesures de sauvegarde à respecter en cas de danger ou d'alerte ;
- le plan d'affichage de ces consignes.

1. Souligner dans le DOC.C la définition du sigle DICRIM.

2. Expliquer l'intérêt d'établir un DICRIM pour chaque commune.

....

....

Lire le DOC.D et répondre aux questions.

DOC.D Extrait de DICRIM de la ville de Cléon (Seine-Maritime)

RISQUE
TRANSPORT DE MATIÈRES DANGEREUSES

Les risques associés au transport de matières dangereuses (TMD) résultent des possibilités de réactions physiques et/ou chimiques des matières transportées en cas de perte de confinement ou de dégradation de l'enveloppe les contenant (citernes, conteneurs, canalisations, colis...). Ces matières dangereuses peuvent être inflammables, explosives, corrosives ou radioactives.

SITUATION DU RISQUE À CLÉON

La commune est concernée par :
- **Le transport routier :** les principaux axes concernés sont les routes départementales RD n° 7 et n° 144 ainsi que la voie du Port Angot.
- **Le transport fluvial** par la Seine représente un risque pour la commune de CLÉON de par la nature des produits transportés (hydrocarbures, produits chimiques et gaz liquéfiés...) mais également par les flux croisés.
- **Le transport par voie ferrée :** la ligne SNCF est utilisée régulièrement pour le transport de matières dangereuses.
- **Des canalisations de gaz haute pression** exploitées par la société GRTgaz sont situées sur la commune. ▶

▶ PRINCIPAUX SYMBOLES DE DANGER APPOSÉS SUR LES VÉHICULES TRANSPORTANT DES MATIÈRES DANGEREUSES

LE TRANSPORT ROUTIER DES MATIÈRES DANGEREUSES

Si vous êtes témoin d'un accident :
- Ne pas vous exposer au produit (nuage de gaz, liquide, fumée...).
- Éloignez les personnes à proximité, éloignez vous et mettez vous à l'abri.
- Donnez l'alerte aux services d'urgence (18 ou 112) en indiquant la commune et l'adresse exacte.
- Si possible et sans prendre de risque, décrire la plaque orange (chiffres) et les symboles.

DICRIM, ville de Cléon.

3 Préciser le risque majeur présenté dans cet extrait de DICRIM.

....

4 Préciser pourquoi les habitants ayant consulté ce DICRIM seront plus facilement capables d'identifier le danger lié à ce risque.

....

....

....

5 Indiquer ce que peut proposer un DICRIM (hormis l'identification précise du risque) afin de limiter les conséquences du risque lié au transport routier de matières dangereuses.

....

6 Consulter le site www.georisques.gouv.fr et taper le nom de votre commune dans l'onglet « Adresse ». Indiquer tous les risques majeurs auxquels vous pourriez être confronté(e)s.

....

Lire le **DOC.E** et répondre aux questions.

DOC.E Information et vigilance

L'État a mis en place des systèmes d'information et de vigilance afin de limiter les conséquences de ces risques. Pour informer, il existe différents médias :

Internet
Ex. : un site de services

Télévision
Ex. : les chaînes d'information d'État, du département

Radio
Ex. : Radio France Bleu

7 Identifier le(s) moyen(s) le(s) plus adapté(s) pour informer la population en cas de risque majeur au niveau local dans les cas suivants.

Cas 1 : un risque industriel avec nuage de substances toxiques : ....

Cas 2 : une violente tempête avec coupure d'électricité : ....

Lire le DOC.F et répondre aux questions.

DOC.F La carte de vigilance météorologique de Météo-France

Pour la vigilance (état de veille, de suivi, basé sur une prévision), le principal intervenant est Météo-France (www.meteofrance.com).

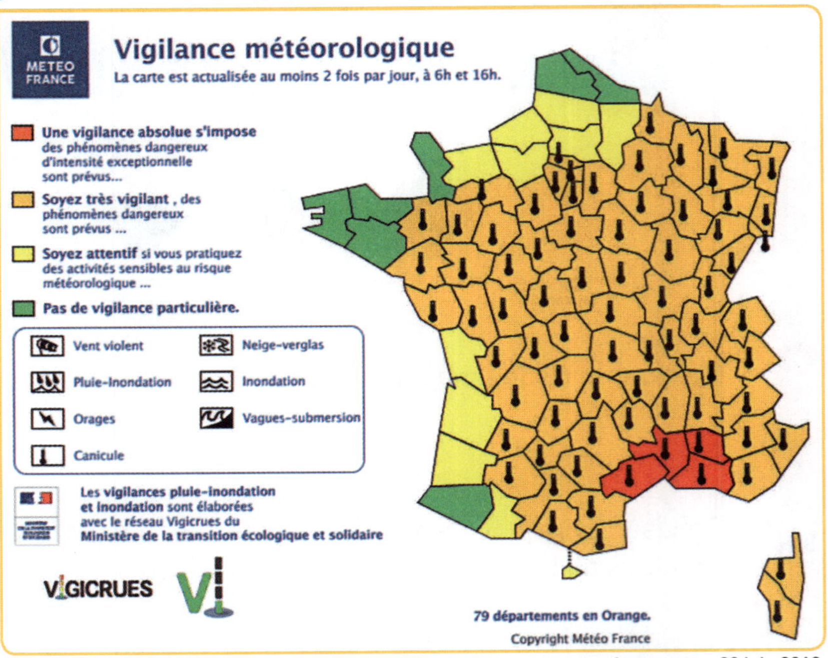

Source Météo-France, www.meteofrance.com, 28 juin 2019.

8 Identifier les phénomènes signalés sur la carte de vigilance météorologique.

....

9 Repérer les recommandations à suivre.

....

....

10 En déduire l'utilité de ce dispositif.

....

....

ACTIVITÉ NUMÉRIQUE

Nathan live!

- Regarder la vidéo et répondre aux questions.

DICRIM : un document pour connaître les gestes qui sauvent !
https://youtu.be/bs050g4P_rc

1. Énumérer les risques majeurs cités dans la vidéo.

....

....

2. Indiquer les différents intervenants possibles en cas de risques majeurs.

....

....

3. Indiquer une mesure d'urgence mise en place dans cette commune pour lutter face aux risques majeurs.

....

....

Activité 3 L'alerte à la population

OBJECTIF : Repérer la conduite à tenir en cas d'alerte à la population.

Lire le DOC. G et répondre aux questions.

DOC. G Alerte des populations

En cas de risque majeur, il est nécessaire de prévenir les populations du danger. Pour cela, il existe différents moyens :

➤ Le signal national d'alerte

- **Signal d'exercice** : 1 min 41 — Tous les 1er mercredis du mois
- **Signal d'alerte** : 1 min 41 — Silence (5 sec.) — 1 min 41 — Silence (5 sec.) — 1 min 41
- **Signal de fin d'alerte** : 30 secondes

Pour écouter ce signal d'alerte : http://www.ormes.fr/identifiez-les-signaux-dalerte/

➤ Le signal du cas : RUPTURE DE BARRAGE

ALERTE EN CAS DE RUPTURE DE BARRAGE
- Début d'alerte : 2 minutes
- Corne de brume ou services de secours
- Fin d'alerte : 30 secondes

➤ Les équipements mobiles d'alerte

Ces équipements, adaptés pour des véhicules, permettent d'alerter les populations qui ne pourraient pas entendre le signal d'alerte nationale. Ils sont utilisés dans certaines communes, notamment dans les cas suivants : incendie, tempête, évacuation de camping, découverte d'engin de guerre ou explosif.

➤ L'alerte individuelle par porte-à-porte ou appel téléphonique

Le porte-à-porte peut être utilisé dans un périmètre restreint. Les automates d'appel sont des logiciels qui diffusent un message d'information (message vocal, SMS) sur une liste de diffusion.

1 Souligner dans le DOC. G les différents moyens d'alerte à la population.

2 Expliquer comment différencier le signal national d'alerte du signal d'exercice (qui a lieu les premiers mercredis du mois).

....

....

....

3 Justifier l'intérêt des équipements mobiles d'alerte et des alertes individuelles.

....

....

....

....

Lire le DOC.H et répondre aux questions.

DOC.H Consignes en cas d'inondation

CYPRÈS

LES CONSIGNES DE BONNE CONDUITE FACE AU RISQUE INONDATION

informez-vous

VIGILANCE ET INFORMATION

Ecouter la radio

France Bleu
France Inter

Suivre la situation

web

vigicrues.gouv.fr
Suivi des principaux cours d'eau

vigilance.meteofrance.com
Toutes situations météo

ALERTE DES POPULATIONS

- Sirènes
- Equipement Mobile d'Alerte
- Automate d'alerte
- Porte-à-porte

VOTRE VIE PEUT DÉPENDRE DE L'APPLICATION DE CES CONSIGNES

- Fermez portes, fenêtres, soupiraux, aérations
- Montez à pied dans les étages
- N'allez pas chercher les enfants à l'école, ils y sont en sécurité
- Fermez le gaz et l'électricité
- Ecoutez la radio Attendez les consignes des autorités.
- Ne téléphonez pas. Libérer les lignes pour les secours.
- Ne descendez pas dans un parking souterrain ou un sous-sol
- Ne vous engagez pas sur une route inondée à pied ou en voiture
- Ne buvez pas l'eau du robinet

CONSIGNES COMPLEMENTAIRES

AVANT : s'informer, s'organiser, anticiper

- mettre hors d'eau les meubles et objets précieux, les matières et les produits dangereux ou polluants
- laisser les volets roulants ouverts
- localiser le disjoncteur électrique et le robinet d'arrêt du gaz
- aménager les entrées possibles d'eau : portes, soupiraux, évents
- amarrer les cuves
- repérer les stationnements hors zone inondable
- prévoir un kit d'urgence

PENDANT : se mettre à l'abri

- n'évacuer que sur ordre des autorités ou si vous y êtes forcés par la crue
- ne pas boire l'eau du robinet
- ne pas s'engager sur une route, inondée (à pied ou en voiture)
- ne pas prendre l'ascenseur
- ne pas descendre dans les parkings souterrains

APRES : respecter les consignes

- aérer
- désinfecter à l'eau de Javel
- chauffer dès que possible
- ne rétablir le courant électrique que si l'installation est sèche
- déclarer le sinistre à votre assurance dans les plus brefs délais

http://www.cypres.org/2016/02/12/consignes_inondation/

4 Compléter les informations demandées dans le cas d'un habitant d'une grande ville qui subit une inondation.

- Moyen utilisé pour l'alerter : ....

- Moyen pour qu'il s'informe : ....

- Doit-il sortir de chez lui ? ....

- Peut-il téléphoner pour prendre des nouvelles de ses proches ? ....

- Peut-il boire l'eau du robinet ? ....

5 Préciser l'intérêt d'utiliser un QR Code sur ce type d'affiche.

....

....

6 Donner 2 consignes de sécurité qui pourraient être applicables aussi dans le cas d'une explosion dans une usine (risque industriel).

....

7 Déduire 2 consignes de protection à suivre en cas de fuite d'un produit toxique d'une usine proche de votre domicile.

....

8 Repérer les 3 types de consignes à appliquer lors d'un risque majeur.

....

....

ACTIVITÉ NUMÉRIQUE

Nathan live!

- Regarder les vidéos et répondre aux questions.

Vidéo 1 : TutosRisques : Inondation : https://youtu.be/n-5ltuDogF4

Vidéo 2 : TutosRisques : Kit de sécurité : https://youtu.be/8SGtruWuabo

1. Expliquer brièvement en quoi consistent ces vidéos.

....

....

2. Préciser le type de risques majeurs qui est concerné par ces vidéos.

....

3. Énumérer les éléments qui constituent un kit de sécurité lors d'un risque majeur.

....

....

....

....

Aide-mémoire

Les risques majeurs

Le risque majeur
Le risque majeur est la possibilité qu'un événement se produise (aléa), entraînant des conséquences graves aux niveaux humain et/ou matériel (enjeux). Il se caractérise par sa faible fréquence et son énorme gravité. On classe les risques majeurs en 2 catégories : les risques naturels et les risques technologiques.

Repérer les risques majeurs au niveau local
Le DICRIM (Document d'Information Communal sur les RIsques Majeurs) informe les habitants d'une commune. Il recense notamment les risques majeurs de la commune et les réflexes à adopter face à ces risques. Les citoyens peuvent aussi s'informer dans les médias (Internet, radio, télévision) ou utiliser les informations de Météo-France en cas de risque majeur pour suivre l'évolution d'un phénomène.

Alerte à la population et conduite à tenir
Le moyen le plus utilisé pour alerter la population est le signal national d'alerte. À ce signal, il est nécessaire de se mettre à l'abri dans le bâtiment le plus proche, de s'informer et de tout fermer.
Il faut éviter de téléphoner, d'aller chercher les enfants à l'école ou de fumer.
Selon le risque majeur concerné, il existe des consignes spécifiques.

Schéma-bilan

RISQUES MAJEURS :
faible fréquence,
gravité très importante

→ **Risques technologiques**
(ex. : liés au transport de matières dangereuses)

→ **Risques naturels**
(ex. : séismes, inondations)

↓

Prévention/Information

→ **DICRIM** (Document d'Information Communal sur les RIsques Majeurs) pour informer la population des risques possibles.

Alerte de la population en cas de réalisation d'un risque majeur.

↓

La conduite à tenir en cas de risque majeur

Ce qu'il faut faire	Ce qu'il ne faut pas faire
Se mettre à l'abri dans un bâtiment et fermer l'ensemble des issues. S'informer de l'évolution de la situation. Respecter les consignes de sécurité.	Éviter de se déplacer. Ne pas téléphoner (garder les lignes libres pour les secours).

Évaluation

Nom : ....

Prénom : ....

Classe : ....

SITUATION

Suite à une mutation, Martin doit s'installer dans la ville de Nantes en septembre. Soucieux du nouveau lieu où il va habiter, il décide d'aller à la mairie pour savoir s'il peut être exposé à des risques majeurs.

1 Compléter le tableau suivant afin d'identifier les différents éléments de la situation.

QUI ? Qui est concerné ?	
QUAND ? Quand son problème aura-t-il lieu ?	
QUOI ? Quel est son problème	
POURQUOI ? Pourquoi rencontre-t-il ce problème ?	
COMMENT ? Que fait-il pour régler son problème ?	

2 Compléter l'équation suivante sur le risque majeur d'inondation.

[..............] + [..............] = **RISQUE MAJEUR**

Possibilité de survenance d'un phénomène ou événement dangereux, d'origine naturelle ou technologique, susceptible d'entraîner des conséquences importantes sur les enjeux.

Représentent les personnes, les biens matériels et économiques, ainsi que l'environnement susceptibles d'être affectés.

Confrontation, en un même lieu géographique, d'un aléa avec des enjeux.

3 Préciser les 2 caractéristiques d'un risque majeur.

....

4 Expliquer pourquoi on peut dire que le risque d'inondation est un risque majeur.

....

....

5 À la mairie, Martin peut consulter des documents. Donner le nom d'un document qui l'informerait sur les risques majeurs.

....

....

Évaluation

À partir du **DOC.**, répondre aux questions.

6 Identifier le risque majeur évoqué dans le **DOC.**.

....

7 Repérer les consignes à suivre pour les habitants touchés par ce risque.

....

....

8 Donner les 2 raisons qui expliquent que l'on ne doit pas aller chercher les enfants à l'école en cas de risque majeur.

....

....

....

....

....

DOC. Exemples d'actions face à un risque majeur (communes de Nantes métropole)

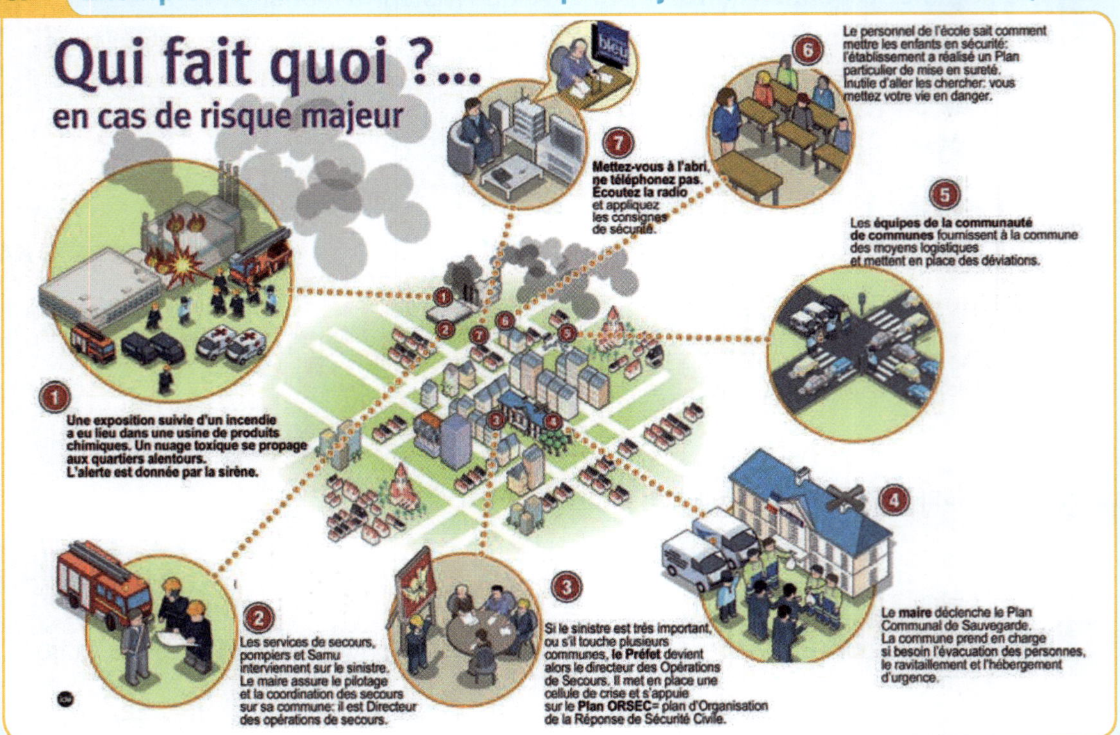

Source : DICRIM mutualisés/communes de Nantes métropole.

9 Indiquer comment il est possible de prévenir la population dans le cas du risque majeur précédent.

....

....

....

8 Les enjeux de la « santé et sécurité au travail »

SITUATION Quelques chiffres

LA SANTÉ ET LA SÉCURITÉ AU TRAVAIL
En France, les accidents et les maladies liés à l'activité professionnelle touchent de nombreux salariés.
85 % des entreprises déclarent avoir eu au moins 1 arrêt de travail lié aux risques auxquels sont exposés les salariés dans leur activité.
Dans 72 % des cas, c'est un accident du travail.
Et dans 14 % des cas, c'est une maladie professionnelle.

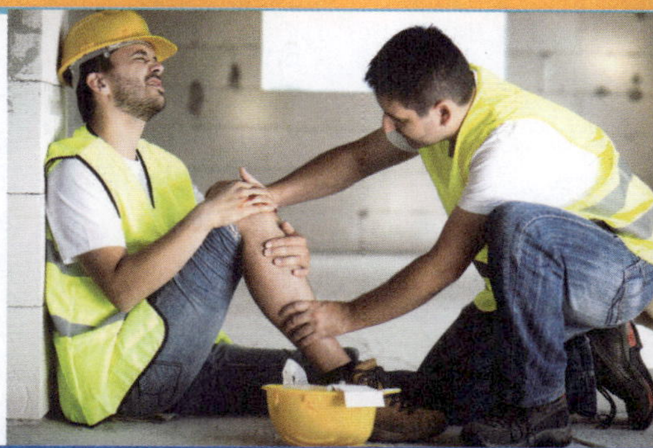

Les accidents du travail et les maladies professionnelles

34 accidents pour 1 000 salariés
La moyenne annuelle des accidents du travail

Accidents du travail : plus de 500 décès par an.

233 000 emplois à temps plein
L'équivalent de toutes les journées non travaillées pour cause de maladie ou d'accident du travail

Maladies professionnelles : plus 20 000 incapacités permanentes de travail et plus de 300 décès chaque année.

Analyse de la situation

1 Identifier les différents éléments de la situation en complétant le tableau.

QUI ? Qui est concerné ?	
QUOI ? Quel est le problème ?	
OÙ ? Où a lieu ce problème ?	
POURQUOI ? Pourquoi faut-il réagir face à ce problème ?	

2 Formuler la problématique de la situation à partir de votre analyse précédente.

....

....

Activité 1

Les enjeux de la santé et sécurité au travail

OBJECTIF : Identifier les enjeux de la santé et de la sécurité au travail pour les salariés.

Lire le **DOC. A** et répondre aux questions.

DOC. A L'importance des accidents du travail et des maladies professionnelles

En 2017, en France, plus de 640 000 accidents du travail et plus de 48 000 maladies professionnelles ont été déclarés auprès de l'Assurance Maladie (sur près de 20 millions de salariés).
– Les salariés de 18/24 ans ont près de deux fois plus d'accidents du travail que les autres salariés.
– Près d'un quart des accidents du travail concerne les salariés ayant moins d'un an d'ancienneté dans l'entreprise.

1 Expliquer pourquoi on peut dire que la santé et la sécurité au travail présentent un enjeu humain.

....

....

2 Préciser quel type de salariés est le plus touché par les accidents du travail.

....

....

3 Lire le **DOC. B** et compléter les données suivantes.

DOC. B Les enjeux humains des accidents du travail et des maladies professionnelles

Les accidents du travail

La moyenne annuelle des accidents du travail
= Nombre d'accidents pour 1 000 salariés

60
accidents pour 1 000 salariés dans le BTP.
Un secteur très exposé aux accidents comme aux TMS

95,5
accidents pour 1 000 salariés dans les services à la personne.
La plus forte augmentation avec **+ 45 % d'accidents** en 10 ans.

53 % des accidents du travail sont dus aux manutentions (efforts physiques lors de manipulations et déplacements).

Parties principalement touchées : les membres inférieurs et le dos.

Les maladies professionnelles

90 %
La part des TMS (troubles musculo-squelettiques) dans les maladies professionnelles.

Les TMS sont les atteintes qui affectent les muscles, les tendons, les ligaments, les nerfs, notamment au niveau des articulations.

- Secteur professionnel le plus touché : ....
- Parties du corps les plus touchées lors des accidents du travail ou des maladies professionnelles : ....
- Cause la plus fréquente des accidents du travail : ....
- Conséquences les plus fréquentes des maladies professionnelles : ....

Lire le DOC.C et répondre aux questions.

DOC.C Le plan santé au travail et la prévention

Plan santé au travail 2016-2020

Malgré des chiffres en baisse sur les 15 dernières années, il reste encore en France trop d'accidents du travail et de maladies professionnelles. Il faut donc continuer à développer la culture de la prévention et à améliorer la qualité de vie au travail, levier de santé, de maintien en emploi des travailleurs et de performance économique et sociale de l'entreprise.
Le dernier plan santé au travail a déterminé ses principaux objectifs en ce sens :
- faire de la prévention une priorité ;
- faire de la qualité de vie au travail un objet stratégique et en favoriser la mise en œuvre ;
- simplifier les normes, pour une plus grande efficacité des règles de prévention ;
- prioriser certains risques.

De nombreuses actions de ce plan santé visent ainsi à valoriser le travail en l'inscrivant dans une dynamique d'amélioration conjointe du bien-être et de la performance, mettant en évidence qu'il est facteur de progrès social et économique.
En plus du coût humain, ce plan prend aussi en compte les enjeux financiers : que ce soit le coût direct pour les entreprises (prise en charge des soins, des indemnités journalières, des capitaux versés pour assurer des rentes aux salariés...) ou le coût indirect (perturbations du fonctionnement de l'entreprise, de sa performance, affaiblissement de son potentiel humain...).

4 Souligner, dans le DOC.C, les enjeux sociaux de la santé et sécurité au travail pour les salariés.

5 Expliquer pourquoi il est toujours nécessaire de mettre en place un plan santé au travail pour le salarié.

....

....

....

Lire le DOC.D et répondre aux questions.

DOC.D Les indemnisations en cas d'accident du travail ou de maladie professionnelle

En cas d'accident du travail ou de maladie professionnelle, des prestations en espèces sont versées aux victimes dans l'incapacité de travailler :
- des **indemnités journalières** (pour compenser la perte de salaire) :
  → **60 %** du salaire de référence jusqu'au 28e jour,
  → **80 %** à partir du 29e jour ;
- une **rente** (si la victime conserve une infirmité) : son montant varie en fonction du taux d'incapacité.

6 Expliquer l'enjeu économique pour les salariés de la santé et sécurité au travail.

....

7 Indiquer les 2 types de prestations qu'une victime d'un accident du travail ou d'une maladie professionnelle peut percevoir.

....

Activité 2 Accidents du travail et maladies professionnelles

OBJECTIF : Différencier accident du travail et maladie professionnelle.

Lire le DOC.E et répondre aux questions.

DOC.E L'accident du travail et la maladie professionnelle

L'accident du travail

D'après le Code de la Sécurité sociale, « est considéré comme accident du travail, quelle qu'en soit la cause, l'accident survenu par le fait ou à l'occasion du travail à toute personne salariée ou travaillant, à quelque titre que ce soit, [pour un employeur] ».

Trois conditions complètent cette règle :
- une action soudaine a provoqué une ou plusieurs lésions ;
- l'accident est survenu sur le temps de travail et sur le lieu de travail ;
- il existe un rapport de cause à effets entre l'accident et les lésions.

La maladie professionnelle

D'après le Code de la Sécurité sociale, « est considérée comme maladie professionnelle toute maladie désignée dans un des 98 tableaux de maladies professionnelles et contractée dans les conditions mentionnées à ce tableau ». C'est la conséquence de l'exposition plus ou moins prolongée à un risque (on parle d'exposition chronique) physique, chimique ou biologique, qui existe lors de l'exercice habituel de la profession.

Extrait d'un tableau de maladie professionnelle

Tableau n° 42 : Surdité provoquée par des bruits lésionnels

Désignation des maladies	Délai de prise en charge	Liste limitative des principaux travaux
Déficit audiométrique bilatéral : déficit moyen de 35 décibels	1 an après cessation de l'exposition au risque acoustique, sous réserve d'une durée d'un an d'exposition	– Travaux sur métaux par percussion – Décolletage – Ébarbage, meulage – Tissage sur métiers – Broyage, concassage – Emploi de machines à bois en atelier – Utilisation d'engins de chantier – Travail sur rotative
Correspond aux symptômes de la maladie	Correspond au délai à respecter	Correspond aux travaux et métiers reconnus pour cette maladie

1 Souligner, dans le DOC.E : en vert, la définition d'un accident du travail et en rouge, celle de la maladie professionnelle.

2 Cocher, dans le tableau suivant, les caractéristiques de l'accident du travail et de la maladie professionnelle.

Caractéristique	Accident du travail	Maladie professionnelle
Résulte d'une action lente et prolongée.	☐	☐
Résulte d'une action soudaine.	☐	☐
Survient sur le lieu et sur le temps de travail.	☐	☐
Respecte les conditions indiquées par les tableaux de la Sécurité sociale.	☐	☐
Concerne le salarié.	☐	☐
Implique d'avoir été salarié.	☐	☐
Se produit par le fait ou à l'occasion du travail.	☐	☐
Provoque une lésion.	☐	☐
Affection chronique (= qui se développe lentement) due à une exposition prolongée à un risque.	☐	☐

3 À partir des cas concrets suivants, préciser s'il s'agit d'un accident du travail ou d'une maladie professionnelle.

Cas 1 : alors qu'il était en train de monter sur un échafaudage, Guillaume a manqué un barreau de l'échelle et a chuté lourdement. Il s'est fracturé le haut du tibia.

☐ ACCIDENT DU TRAVAIL ☐ MALADIE PROFESSIONNELLE

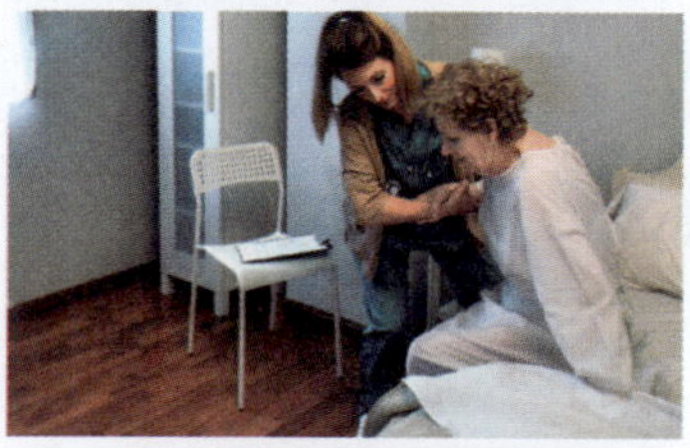

Cas 2 : Camille travaille dans une maison de retraite depuis plus de 10 ans. Souvent, dans le cadre des soins, elle doit déplacer des personnes âgées. Depuis maintenant 1 mois, Camille souffre énormément du bas du dos.

☐ ACCIDENT DU TRAVAIL ☐ MALADIE PROFESSIONNELLE

Cas 3 : Philippe est cuisinier dans un restaurant. Dans la précipitation, due au grand nombre de clients à servir, il a sorti un plat du four sans protection. Il s'est brûlé le bout des doigts avec le plat.

☐ ACCIDENT DU TRAVAIL ☐ MALADIE PROFESSIONNELLE

Cas 4 : Marvin est conducteur de machine à imprimer. Il travaille constamment dans une ambiance sonore élevée. Bien qu'il mette ses protecteurs auditifs, Marvin entend de moins en moins bien les conversations à voix basse. Son médecin lui signifie qu'il souffre d'un déficit audiométrique important.

☐ ACCIDENT DU TRAVAIL ☐ MALADIE PROFESSIONNELLE

Cas 5 : depuis 22 ans, Salma travaille sur ordinateur toute la journée. Elle fait beaucoup de saisies de texte et manipule constamment sa souris. Depuis quelques mois, Salma ressent des fourmillements dans 3 doigts de sa main droite. Dernièrement, elle a du mal à saisir certains objets.

☐ ACCIDENT DU TRAVAIL ☐ MALADIE PROFESSIONNELLE

Cas 6 : Jean est chauffeur livreur depuis 15 ans. Un matin, lors d'une livraison, il a un grave accident de la circulation. Il est blessé au niveau du cou, de la tête et des 2 jambes. Il ne sait pas s'il pourra reprendre son travail en tant que livreur.

☐ ACCIDENT DU TRAVAIL ☐ MALADIE PROFESSIONNELLE

ACTIVITÉ NUMÉRIQUE

- Aller sur le site : http://www.risquesprofessionnels.ameli.fr/statistiques-et-analyse/sinistralite-atmp/dossier/nos-statistiques-sur-les-accidents-du-travail-par-ctn.html

  Donner le nombre d'accidents du travail et de maladies professionnelles dans votre secteur professionnel sur la dernière année de statistiques donnée.

  ....

- Aller sur le site : http://www.bossons-fute.fr/

  Donner, selon votre futur métier, le type d'accidents du travail et de maladies professionnelles possibles.

  ....

Activité 3 La réglementation pour l'employeur et le salarié en matière de santé et sécurité au travail

OBJECTIF : Repérer sur un document les dispositions réglementaires de l'employeur et du salarié en matière de santé et sécurité au travail.

Lire le **DOC.F** et répondre aux questions.

DOC.F La réglementation sur la santé et sécurité au travail

Le Code du travail met en place le cadre réglementaire du droit du travail, y compris en matière de santé et sécurité au travail. On peut trouver les différents textes du Code du travail sur le site legifrance.gouv.fr (ci-contre, un exemple de la page concernant la partie « Santé et sécurité du travail » sur ce site). En cliquant sur les différents livres, on peut retrouver l'ensemble des dispositions réglementaires du Code du travail sur la partie choisie.

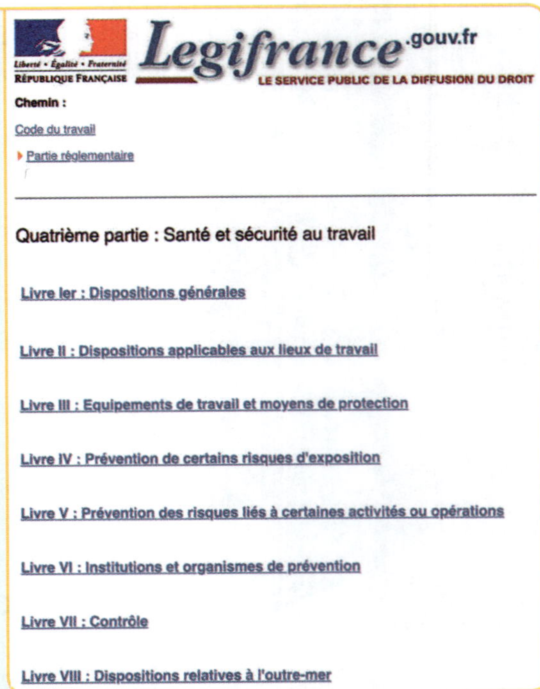
Liberté • Égalité • Fraternité
République Française
Legifrance.gouv.fr
LE SERVICE PUBLIC DE LA DIFFUSION DU DROIT

Chemin :
Code du travail
Partie réglementaire

Quatrième partie : Santé et sécurité au travail

Livre Ier : Dispositions générales
Livre II : Dispositions applicables aux lieux de travail
Livre III : Equipements de travail et moyens de protection
Livre IV : Prévention de certains risques d'exposition
Livre V : Prévention des risques liés à certaines activités ou opérations
Livre VI : Institutions et organismes de prévention
Livre VII : Contrôle
Livre VIII : Dispositions relatives à l'outre-mer

Voici 2 extraits d'articles :

Article L4121-1 : « L'employeur prend les mesures nécessaires pour assurer la sécurité et protéger la santé physique et mentale des travailleurs.
Ces mesures comprennent :
1° Des actions de prévention des risques professionnels [...] ;
2° Des actions d'information et de formation ;
3° La mise en place d'une organisation et de moyens adaptés [visant à assurer la sécurité des travailleurs]. »

Article L4122-1 : « [Il] incombe à chaque travailleur de prendre soin, en fonction de sa formation et selon ses possibilités, de sa santé et de sa sécurité ainsi que de celles des autres personnes concernées par ses actes ou ses omissions au travail.
Les instructions de l'employeur précisent, en particulier lorsque la nature des risques le justifie, les conditions d'utilisation des équipements de travail, des moyens de protection, des substances et préparations dangereuses. Elles sont adaptées à la nature des tâches à accomplir. [...] »

1 **Nommer le document dans lequel on retrouve le cadre réglementaire du droit du travail.**

....

2 **Préciser le mot qui revient le plus souvent dans les titres des livres.**

....

3 **À partir des 2 extraits d'articles, indiquer les dispositions réglementaires de l'employeur et du salarié en matière de santé et sécurité au travail pour chacun des cas suivants (vous pouvez vous aider de votre expérience en stage ou en atelier).**

- Cela fait maintenant 3 fois qu'un salarié se coupe sévèrement le doigt sur une machine alors qu'il n'avait pas mis de gants.

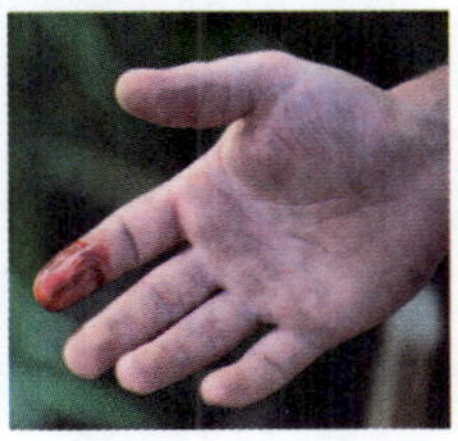

Mesure à mettre en place **par l'employeur** : ....

....

- Des salariés doivent, pour la première fois, effectuer leur travail sur le toit d'un immeuble à une grande hauteur. L'employeur leur a fait suivre une formation sur le travail en hauteur.

Mesure à mettre en place **par les salariés** : ....

....

- Une entreprise doit faire travailler ses salariés avec une nouvelle substance dangereuse qui peut occasionner des risques importants pour la santé.

Mesure à mettre en place **par l'employeur** : ....

....

Mesure à mettre en place **par les salariés** : ....

....

4 **Lire le DOC. G et souligner en rouge, un droit du salarié ; en vert, une responsabilité de l'employeur.**

DOC. G Droits et responsabilités au travail

D'après le Code du travail, la responsabilité civile de l'employeur peut être engagée lorsque la maladie professionnelle ou l'accident du travail est survenu (ou peut survenir) par la faute de l'employeur, c'est-à-dire lorsque celui-ci n'a pas respecté les obligations légales relatives au Code du travail.
Le salarié, en cas de danger grave ou imminent, a le droit d'arrêter son travail (droit de retrait) et de quitter les lieux pour se mettre en sécurité tout en prévenant l'employeur.

ACTIVITÉ NUMÉRIQUE

Nathan live!

- Aller sur le site : https://www.youtube.com/watch?v=qHPh1XWFrW4
- Regarder la vidéo « Les 9 principes généraux de prévention » et répondre aux questions.

1. Énumérer les 9 principes généraux de la prévention.

....

....

....

....

2. Déduire le but de ces principes.

....

....

- Aller sur le site : https://www.youtube.com/watch?v=j9_cziSOCRc
- Regarder la vidéo « Le Code du travail » et répondre aux questions.

1. Donner des exemples concrets de domaines (autres que la santé et sécurité au travail) que l'on peut trouver dans le Code du travail.

....

....

2. Préciser si le Code du travail peut évoluer.

....

....

Activité 4

Le cas particulier des jeunes travailleurs et des nouveaux embauchés

OBJECTIF : Identifier les dispositions réglementaires spécifiques aux jeunes travailleurs et/ou aux nouveaux embauchés.

Lire le **DOC.H** et répondre aux questions.

DOC.H Les jeunes travailleurs

En raison de leur inexpérience en milieu professionnel, il est prévu des dispositions spécifiques dans le Code du travail pour les jeunes travailleurs (moins de 18 ans) afin de mieux préserver leur santé et leur sécurité. Par exemple, la durée journalière du travail effectif ne peut excéder 8 heures (contre 10 heures pour les autres salariés) et le repos quotidien est fixé à 12 heures consécutives (contre 11 heures pour les autres salariés), même s'il existe des dérogations ou aménagements pour certains cas particuliers. À titre d'exemple, la durée du travail du mineur de 14 à moins de 16 ans travaillant pendant ses vacances scolaires ne peut excéder 7 heures par jour.
Le travail de nuit est totalement interdit pour le jeune travailleur de moins de 18 ans, sauf dans certains cas : boulangerie, restauration, hôtellerie, etc.
En ce qui concerne le type de travaux à effectuer, le jeune de moins de 18 ans peut uniquement effectuer des travaux légers. Il est interdit à l'employeur de l'affecter à des travaux comportant des risques pour sa santé (par exemple, vibrations mécaniques, agents chimiques dangereux) ou sa sécurité (par exemple, travail en hauteur, risques électriques). Toutefois, pour les besoins de sa formation, il peut être employé à certains de ces travaux. On parle alors de travaux réglementés. Les jeunes qualifiés ou habilités, en formation ou non, peuvent aussi accomplir certains travaux réglementés.

1 **Indiquer la catégorie d'âge qui correspond aux jeunes travailleurs.**

....

2 **Énumérer les domaines qui sont aménagés par la réglementation pour les jeunes travailleurs et pourquoi ces derniers bénéficient de dispositions spécifiques.**

....

....

3 **À partir des cas suivants, préciser les dispositions possibles pour le jeune concerné.**

- Alix, 16 ans, est en lycée professionnel. Au sein de sa formation, elle doit effectuer plusieurs périodes de stage. Certains travaux qu'elle doit effectuer sont considérés comme comportant des risques pour sa santé et sa sécurité.

....

....

- Marco, 17 ans, veut arrêter ses études. Il souhaite travailler dans le bâtiment en tant que couvreur (réalisation et réparations de toitures de maisons).

....

....

Lire le DOC. 1 et répondre aux questions.

DOC. 1 Les nouveaux embauchés

Pour les nouveaux embauchés (aussi bien les CDD, CDI, CTT, les salariés concernés par un changement de poste ou une reprise de poste après un arrêt de plus de 21 jours), une formation à la sécurité doit être mise en place par l'employeur. Durant cette dernière, de nombreux points sont abordés sur tous les risques professionnels possibles du poste : présentation d'équipements de protection individuelle, collective, mesures de prévention existantes, fiche de poste, tests, etc.
Ces mesures, accompagnées d'un enseignement à la santé et sécurité au travail dans les établissements de formation professionnelle, font que les chiffres sur l'accidentologie chez les jeunes de moins de 25 ans (qui représentent une grosse proportion des nouveaux embauchés) sont en train de baisser mais les efforts en ce sens doivent continuer.

4 **Indiquer à quelle catégorie de personnes correspondent les nouveaux embauchés.**

....

....

5 **Expliquer pourquoi il existe une réglementation spécifique en ce qui concerne les nouveaux embauchés.**

....

....

6 **Donner la disposition réglementaire à prendre par l'employeur pour les nouveaux embauchés.**

....

7 **Expliquer l'intérêt des dispositions réglementaires encadrant les nouveaux embauchés.**

....

....

ACTIVITÉ NUMÉRIQUE

- Aller sur le site : http://www.femmesdelartisanat.com/dossiers-professionnels
- Choisir un métier et répondre aux questions.

1. Expliquer en quoi la page affichée pourrait faire partie d'une formation à la sécurité pour un nouvel embauché dans ce métier.

....

....

2. Préciser les chiffres qui peuvent être intéressants à donner pour une formation à la sécurité lors de la découverte d'un nouveau métier.

....

....

Aide-mémoire

Les enjeux de la « santé et sécurité au travail »

Santé et sécurité au travail
Les enjeux de la santé et sécurité au travail pour les salariés sont des enjeux humains et socio-économiques qui visent essentiellement à faire de la prévention pour lutter contre les accidents du travail et les maladies professionnelles.

L'accident du travail
C'est un accident survenu par le fait ou à l'occasion du travail.

La maladie professionnelle
C'est une affection liée à l'exécution de certains travaux qui résulte d'une évolution d'une lésion due à une exposition prolongée à un risque physique, chimique ou biologique.

Les dispositions réglementaires
Le Code du travail met en place le cadre réglementaire du droit du travail, y compris en matière de santé et sécurité au travail. On y trouve notamment la réglementation aussi bien pour l'employeur que pour le salarié.

Les cas particuliers des jeunes travailleurs et des nouveaux embauchés
Il existe des dispositions particulières pour les jeunes travailleurs (moins de 18 ans) avec des aménagements possibles, notamment s'ils sont en formation professionnelle.
Pour les nouveaux embauchés, il est nécessaire de mettre en place une formation à la sécurité avant la prise de poste.

Schéma-bilan

Santé et sécurité au travail

Les enjeux → **Pour le salarié : des enjeux humains et socio-économiques**

Lutte contre ↓

ACCIDENTS DU TRAVAIL — MALADIES PROFESSIONNELLES

Le Code du travail pour :
- Réglementer les droits du travail.
- Fixer les responsabilités et obligations de l'employeur ainsi que les droits et obligations des salariés.
- Fixer le cadre réglementaire de la prévention.
- ...

→ **Dispositions spécifiques pour :**
- les jeunes salariés (moins de 18 ans) ;
- les nouveaux embauchés (nécessité de formation à la sécurité avant une prise de poste).

Évaluation

Nom : ....
Prénom : ....
Classe : ....

SITUATION

Marco vient juste d'être embauché dans un bar-restaurant. Lors de son premier jour, son patron lui explique les différents risques auxquesl il peut être exposé afin d'éviter un accident du travail. Marco est sensible à ce discours car son père vient juste d'avoir une maladie professionnelle.

1 **Compléter le tableau suivant afin d'identifier les différents éléments de la situation.**

QUI ? Qui est la personne concernée ?	
QUAND ? Quand a lieu cette situation ?	
QUOI ? Quel est le sujet abordé par son patron ?	
POURQUOI ? Pourquoi la personne est-elle sensible à ce sujet ?	

2 **Expliquer pourquoi (d'après le cadre réglementaire) le patron de Marco lui explique les risques professionnels possibles dans son métier.**

....

....

....

On explique à Marco l'intérêt d'avoir un liteau (= serviette).

3 **Préciser, en justifiant, si le risque expliqué dans le DOC. A représente un possible accident du travail ou une possible maladie professionnelle.**

....

....

....

DOC. A

Évaluation

Marco explique à son patron la maladie professionnelle qu'a son père.

4 À partir du cas du père de Marco et de l'extrait du tableau de maladie professionnelle (DOC. B), justifier par 2 arguments pourquoi cette maladie a été reconnue comme maladie professionnelle.

....

....

Cas du père de Marco : il a une rupture partielle de la coiffe des rotateurs au niveau de l'épaule. Il a travaillé pendant 35 ans dans les métiers du bâtiment (maçonnerie) où il a dû, de nombreuses fois, faire des travaux qui ont sollicité son épaule.

DOC. B

Extrait du tableau n° 57 : Affections péri-articulaires provoquées par certains gestes et postures de travail – L'ÉPAULE

Désignation des maladies	Délai de prise en charge	Liste limitative des travaux susceptibles de provoquer ces maladies
Tendinopathie aiguë [...] de la coiffe des rotateurs	30 jours	Travaux comportant des mouvements ou le maintien de l'épaule sans soutien en abduction* avec un angle supérieur ou égal à 60° pendant au moins 3 h 30 par jour en cumulé.
Tendinopathie chronique [...] de la coiffe des rotateurs [...]	6 mois (sous réserve d'une durée d'exposition de 6 mois)	Travaux comportant des mouvements ou le maintien de l'épaule sans soutien en abduction* : – avec un angle supérieur ou égal à 60° pendant au moins 2 h par jour en cumulé ou – avec un angle supérieur ou égal à 90° pendant au moins 1 h par jour en cumulé.
Rupture partielle ou transfixiante de la coiffe des rotateurs [...]	1 an (sous réserve d'une durée d'exposition d'un an)	Travaux comportant des mouvements ou le maintien de l'épaule sans soutien en abduction* : – avec un angle supérieur ou égal à 60° pendant au moins 2 h par jour en cumulé ou – avec un angle supérieur ou égal à 90° pendant au moins 1 h par jour en cumulé.

** Les mouvements en abduction correspondent aux mouvements entraînant un décollement des bras par rapport au corps.*

5 Répondre aux questions suivantes à l'aide du DOC. C.

– Indiquer la personne concernée par ces obligations : ....

– Expliquer pourquoi l'employeur est obligé de suivre des « recommandations » : ....

....

....

– Souligner dans le DOC. C une obligation de l'employeur qui est aussi une obligation du salarié.

DOC. C

Santé et sécurité au travail : quelques obligations

L'employeur doit veiller à votre santé et sécurité au travail en mettant en place des actions de prévention, par exemple des formations. Il doit également évaluer les risques professionnels de votre poste de travail. L'aménagement et l'utilisation des locaux de travail doivent respecter certaines règles. En cas de non-respect, votre employeur peut engager sa responsabilité civile et/ou pénale.

9 Les notions de base en prévention des risques professionnels

SITUATION Histoire de Max

Max est intérimaire dans le milieu de la logistique. Durant son premier jour de travail, il doit suivre une formation à la santé et sécurité au travail pour apprendre, notamment, les consignes de sécurité à respecter, l'identification des dangers dans ses différentes activités de travail et les dommages associés. Max se dit que cette formation ne sert à rien, estimant qu'il saura éviter les accidents s'il est précautionneux et attentif. Il préfère donc surfer sur son téléphone plutôt qu'écouter la formation qui lui est donnée. L'après-midi, Max se fait renverser par un chariot élévateur.

Analyse de la situation

1 Identifier les différents éléments de la situation en complétant le tableau.

QUI ? Qui est la personne concernée ?	
QUAND ? Quand a lieu son problème ?	
OÙ ? Où a lieu ce problème ?	
QUOI ? Quel est ce problème ?	
POURQUOI ? Pourquoi ce problème a-t-il eu lieu ?	

2 Formuler la problématique de la situation à partir de votre analyse précédente.

....

Activité 1

Les consignes de sécurité

OBJECTIF : Expliquer les consignes de sécurité à un poste de travail.

Lire le DOC.A et répondre aux questions.

DOC.A Exemple d'une fiche de sécurité à un poste de travail

Le Code du travail impose un affichage obligatoire des consignes de sécurité en entreprise. Ainsi, les salariés peuvent avoir accès à un certain nombre d'informations leur permettant d'adopter le bon comportement en cas d'accident. Voici un exemple de fiche de sécurité :

FICHE DE SÉCURITÉ AU POSTE

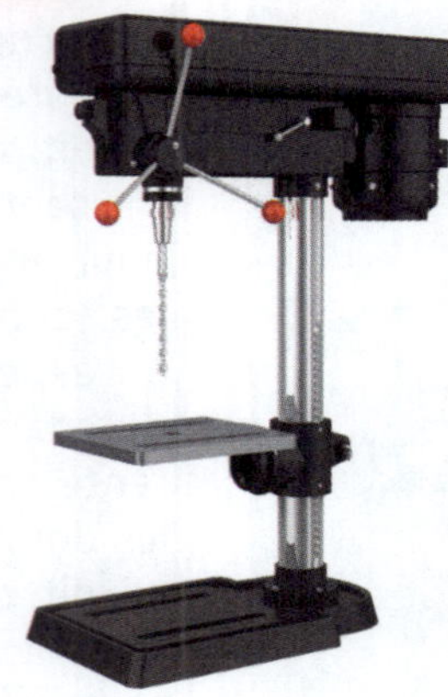

Désignation du poste : Atelier d'usinage – Perceuse à colonne

PROTECTIONS OBLIGATOIRES :

Consignes à respecter :

– Ne pas utiliser de gants en coton ou kevlar.
– Porter des chaussures de sécurité avec semelles anti-perforation.
– Porter des vêtements ajustés (non flottants).
– Utiliser des étaux pour le blocage des pièces.

RISQUES POTENTIELS :

Entraînements des doigts, du bras, arrachement de cheveux, éjection de la pièce…

Chute de pièces

EN CAS D'URGENCE :
Appel secouristes (SST) ou numéro d'urgence :

SAUVETEUR SECOURISTE DU TRAVAIL

15	18	112
SAMU	POMPIERS	APPEL D'URGENCE EUROPÉEN

1 Énumérer les différentes informations que l'on trouve sur la fiche de sécurité.

....

....

2 Donner les consignes de sécurité (instructions par rapport à un ou plusieurs risques) à suivre sur ce poste.

....

....

....

3 Expliquer l'intérêt des consignes de sécurité indiquées dans le DOC.A.

....

4 Expliquer pourquoi, sur une fiche de sécurité à un poste, apparaissent à la fois des pictogrammes (les protections obligatoires) et des consignes à respecter.

....

....

....

5 On peut trouver d'autres types de pictogrammes sur une fiche de sécurité à un poste. Expliquer l'intérêt des pictogrammes suivants en les comparant à ceux qui apparaissent dans le DOC.A et indiquer s'ils fournissent des informations ou des instructions (ordres à suivre).

	**Armoire sous tension** **Ne pas intervenir**
	**Ne pas saisir les outils** **par la partie tranchante**

....

....

....

- Ces pictogrammes fournissent : ☐ des informations. ☐ des instructions.

Chaque blessure doit être soignée et signalée à son responsable.

....

....

....

- Ce pictogrammes fournit : ☐ des informations. ☐ des instructions.

Véhicules de manutention

Charges suspendues

Danger électrique

Chute avec dénivellation

....

....

....

- Ces pictogrammes fournissent : ☐ des informations. ☐ des instructions.

6 À partir de la situation de début de chapitre, identifier les éléments de la formation qui auraient pu permettre à Max d'éviter son accident.

....

....

ACTIVITÉ NUMÉRIQUE

- **Aller sur le site :** https://youtu.be/ZkOOFddKI70
- Regarder la vidéo « La sécurité, c'est notre histoire, n° 2 » et répondre aux questions.

1. Indiquer ce que signifie l'acronyme (le sigle) « EPI ».

....

2. Citer 2 avantages de porter des EPI.

....

3. Énumérer les différents EPI cités dans la vidéo.

....

Activité 2

Les dangers

OBJECTIF : Repérer les dangers lors d'une activité de travail.

1 Entourer sur le DOC. B toutes les situations à risque présentes dans ces activités de travail liées à la logistique sur un quai.

DOC. B **Dangers sur un quai de chargement et déchargement**

2 Compléter le tableau suivant en choisissant 4 situations à risque différentes dans le DOC. B et en indiquant, pour chacune d'elles, le facteur responsable de la lésion ou de l'atteinte de la santé.

Situation à risque	Facteur(s) responsable(s) de la lésion ou de l'atteinte de la santé

3 À partir de la définition du danger, nommer, pour chacun des cas suivants, le danger.

Définition du DANGER

Facteur capable de provoquer une lésion ou une atteinte de la santé. ***On parle aussi de risque « cause ».***

Danger : ....

....

Danger : ....

....

Danger : ....

....

Danger : ....

....

ACTIVITÉ NUMÉRIQUE

Nathan live!

- **Aller sur le site : https://youtu.be/OHKWYsLUnJ8**
- **Regarder la vidéo « Quelle est la différence entre danger et risque ? » et répondre aux questions.**

1. Expliquer brièvement pourquoi les entreprises doivent identifier les risques et les dangers auxquels leurs salariés peuvent être confrontés.

....

....

2. Donner une définition simple du danger.

....

3. Indiquer l'égalité qui comprend les termes suivants : Exposition / Danger / Risque.

....

Activité 3 Relation entre danger(s) et dommage(s)

OBJECTIF : Établir une relation entre le(s) danger(s) et le(s) dommage(s) potentiel(s) dans une situation dangereuse.

Lire le DOC.C et répondre aux questions.

DOC.C Relation entre le danger et le dommage

Un risque professionnel, c'est l'éventualité qu'un **danger** provoque un **dommage** sur une personne (ou un bien).
Pour faciliter la compréhension et le lien qui unit le danger et le dommage, on peut décomposer le risque professionnel en risque « cause » et risque « conséquence ».

Risque « cause »

Facteur capable de provoquer une lésion ou une atteinte à la santé. On l'appelle aussi le DANGER.

Risque professionnel

Risque « conséquence »

Effet sur les individus caractérisé par la gravité des lésions et/ou l'atteinte à la santé. On l'appelle aussi le DOMMAGE.

Exemple

Le courant électrique

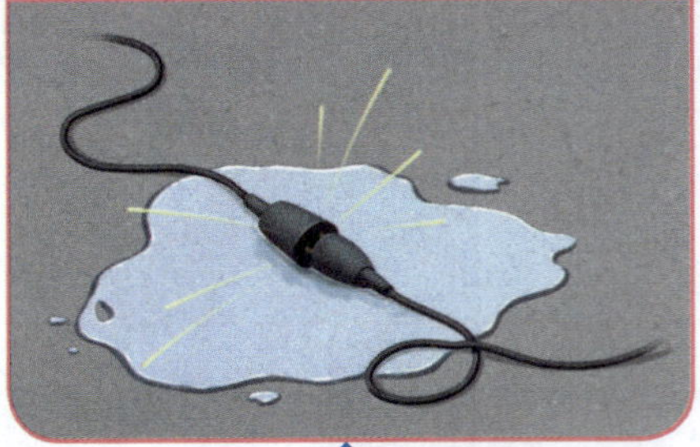

Risque électrique

Arrêt cardiaque, mort

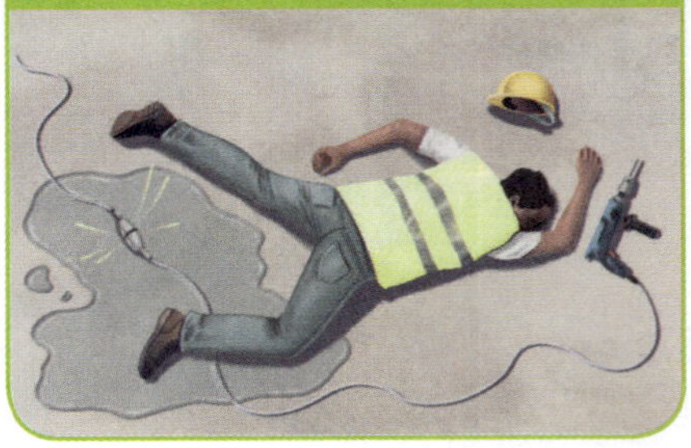

1 Entourer les dommages dans la liste suivante.

Produits toxiques	**Irritations**	**Fracture**
Cancer	**Chute**	**Gestes répétitifs**
Mort	**Douleurs dorsales**	**Travail en hauteur**

2 Relier chaque danger au dommage qui lui est associé (le risque « cause » à son risque « conséquence »).

Électricité •	• Mal de dos
Lame coupante •	• Baisse de l'audition
Bruit •	• Irritations
Produits chimiques •	• Coupure
Postures contraignantes •	• Électrocution

3 Lire le **DOC.D** et compléter le schéma, qui met en relation la situation dangereuse, le danger et le dommage potentiel dans le cas de Samia.

DOC.D Situation dangereuse et dommage potentiel

Ce n'est pas parce qu'il y a un danger qu'il y a systématiquement un dommage. Pour cela, il faut qu'il y ait une personne qui travaille. Lorsque la personne est en contact avec le danger, on parle de **situation dangereuse**. Mais, même s'il y a un opérateur et une situation dangereuse, on dit que le dommage est un **dommage potentiel** car il n'est pas assuré que le risque se réalise et que le dommage se produise.

On peut matérialiser ce vocabulaire sous la forme d'une représentation graphique :

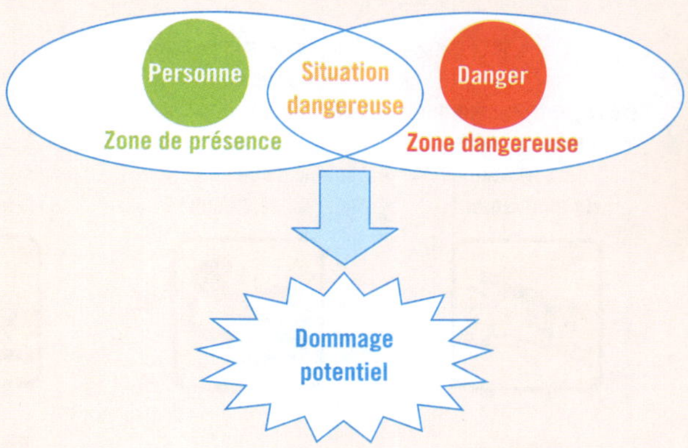

Situation dangereuse : situation dans laquelle une personne est exposée à un ou plusieurs dangers.

Le cas de Samia

Samia, jeune stagiaire, utilise des produits chimiques qu'elle ne connaît pas pour le nettoyage des sols. Elle ne sait pas trop quel dosage effectuer, ni dans quel ordre utiliser les produits.

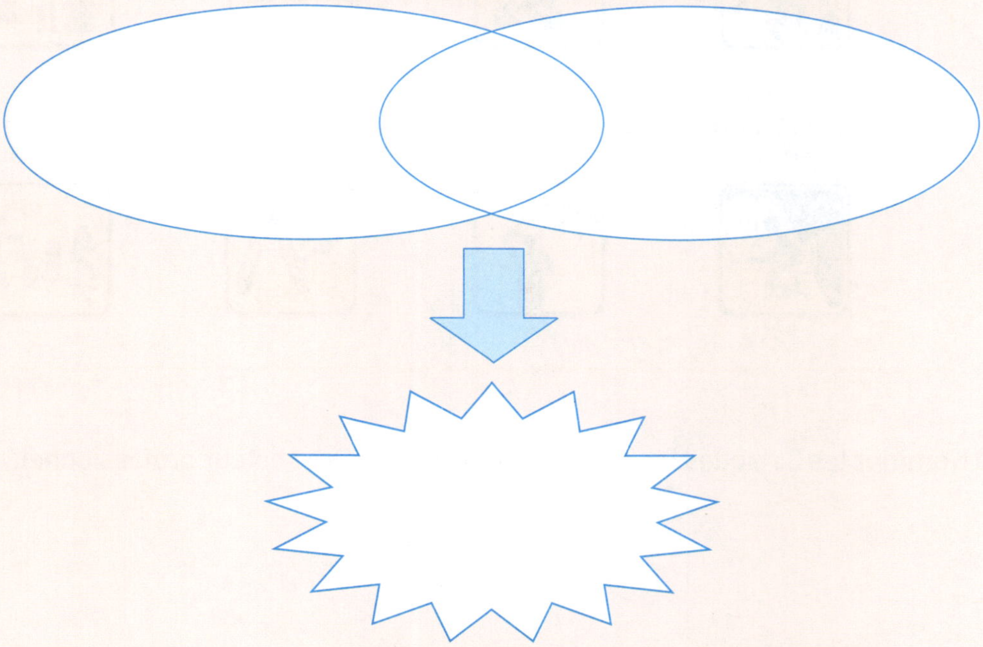

Activité 4 Les risques professionnels

OBJECTIF : Identifier un risque professionnel par l'analyse d'une activité de travail.

Lire le **DOC.E** et répondre aux questions.

DOC.E Les principales familles de risques professionnels

Il existe différentes classifications des risques professionnels. En voici une qui regroupe les principales familles de risques. Il peut exister d'autres types de risques mais ils ne concernent qu'une minorité de travailleurs et sont très spécifiques de certains métiers (ex. : les risques liés au rayonnement).

Risque lié à la charge physique de travail (consécutif à des efforts physiques intenses, prolongés, répétés, des postures inconfortables ou contraignantes)

Risque de trébuchement, heurt ou autre perturbation de mouvement

Risque lié aux produits, aux émissions, aux déchets par inhalation, ingestion ou contact cutané de produits (gaz, solide, liquide)

Risque lié aux agents biologiques lié à la présence de micro-organisme sur le lieu de travail

Risque d'effondrement et de chute d'objets

Risque lié aux équipements de travail (machines, outils…)

Risque d'incendie, d'explosion

Risque lié aux circulations internes de véhicules

Risque lié à l'électricité

Risque et nuisances liés au bruit

Risque routier en mission

Risque psycho-social

Risque lié aux ambiances lumineuses

Risque lié aux ambiances thermiques

Risque de chute de hauteur

Risque lié à la manutention mécanique

1 Nommer les 3 risques les plus fréquents dans votre secteur professionnel.

➤ ……………………………………………………………………………

➤ ……………………………………………………………………………

➤ ……………………………………………………………………………

2 Identifier le ou les risques professionnels dans les activités de travail suivantes.

RISQUES PROFESSIONNELS :

RISQUE PROFESSIONNEL :

RISQUES PROFESSIONNELS :

RISQUES PROFESSIONNELS :

3 Expliquer quel peut être l'intérêt d'utiliser une classification des risques professionnels.

....

....

....

4 Nommer le risque qui a provoqué l'accident de Max dans la situation de début de chapitre.

....

Aide-mémoire

Les notions de base en prévention des risques professionnels

Les consignes de sécurité
Le Code du travail impose un affichage obligatoire des consignes de sécurité en entreprise. Les salariés peuvent avoir accès à des informations (notamment sur le comportement à adopter en cas d'accident) et des instructions, c'est-à-dire des consignes de sécurité à suivre afin d'éviter les risques professionnels.

Le danger
Le danger est un facteur capable de provoquer une lésion ou une atteinte de la santé. On parle aussi de risque « cause ».

La relation entre danger et dommage
Un risque professionnel, c'est l'éventualité qu'un danger provoque un dommage sur une personne (ou un bien).
On peut mettre en relation les termes « danger » et « dommage » par une représentation schématique qui inclut aussi le terme « situation dangereuse » (situation dans laquelle une personne est exposée à un ou plusieurs dangers).

Les risques professionnels
Différentes classifications des risques professionnels existent. Elles permettent de répertorier par groupes tous les risques professionnels que l'on peut rencontrer.

Schéma-bilan

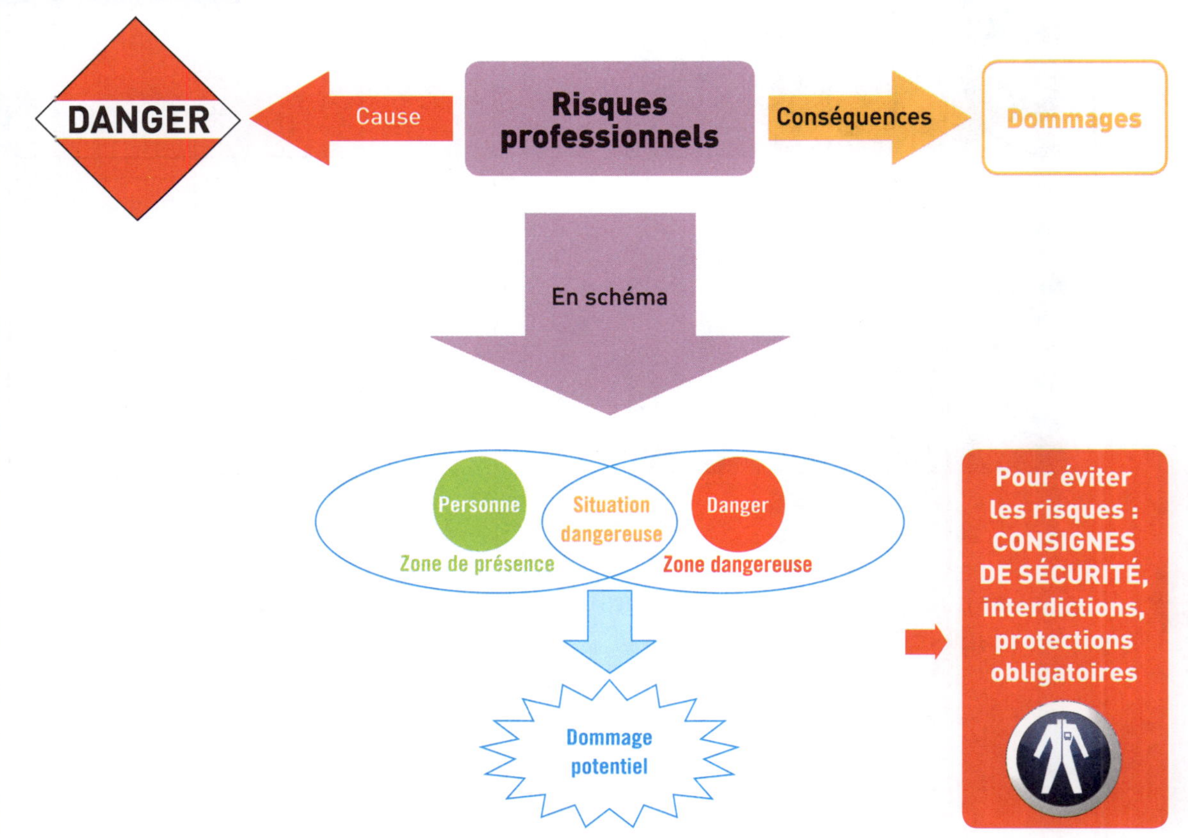

Évaluation

Nom : ....

Prénom : ....

Classe : ....

SITUATION

Sophia travaille comme agent de propreté dans les locaux d'une entreprise qui, soucieuse des accidents du travail en augmentation dernièrement, a mis en place des formations sur les risques professionnels. Sophia, absente pour cause de maladie lors de sa session de formation, se renseigne auprès d'un collègue afin d'être à jour concernant la sécurité sur son poste de travail.

1 Compléter le tableau suivant afin d'identifier les différents éléments de la situation.

QUI ? Qui est concerné ?	
QUOI ? Quel est son problème ?	
POURQUOI ? Pourquoi est-ce problème pour Sophia ?	
COMMENT ? Que fait-elle pour essayer de régler ce problème ?	

2 Le collègue de Sophia lui explique qu'ils ont identifié tous les risques professionnels par secteur d'activité.
À l'aide de l'image ci-contre, nommer 2 situations à risque différentes que Sophia peut rencontrer dans ses activités de travail.

....

....

3 Nommer tous les dangers liés aux 2 situations à risque que vous avez entourées.

....

....

....

4 Nommer 2 dommages possibles associés aux 2 situations à risque que vous avez entourées.

....

....

....

Évaluation

5 Le collègue de Sophia lui explique aussi le risque lié au cutter qu'ils utilisent parfois pour ouvrir des cartons.
Compléter le schéma suivant en prenant le risque associé à la lame tranchante du cutter.

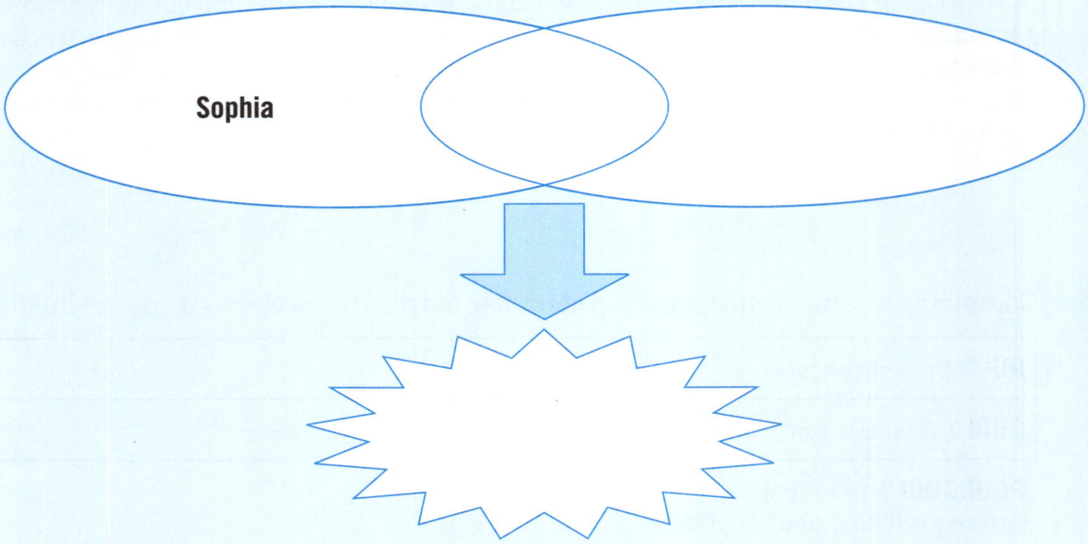

6 Sophia apprend aussi qu'il y a eu une mise à jour des fiches de sécurité des postes de travail.
Énumérer différentes informations et instructions que l'on peut trouver sur une fiche de sécurité de poste de travail.

....

....

....

7 Sur la fiche de sécurité concernant la monobrosse, Sophia peut observer le risque professionnel le plus grave associé à son utilisation.
À partir de l'image suivante, nommer ce risque.

....

....

Outil 1 La démarche de résolution de problème

Les chapitres sont articulés autour de la démarche de résolution de problème.

Cette démarche se déroule en trois temps :

ANALYSER LA SITUATION	MOBILISER DES CONNAISSANCES	PROPOSER DES SOLUTIONS
Il s'agit d'identifier un problème à partir d'une situation, de faits d'actualité, de statistiques, etc.	Il s'agit de s'approprier et de traiter les informations utiles pour résoudre le problème.	Il s'agit de trouver des solutions par rapport à la situation de départ.

Voici comment les différentes étapes sont abordées dans les chapitres :

ANALYSER LA SITUATION →

- ➤ Identification des différents éléments de la situation
- ➤ Formulation de la problématique de la situation

↓

Étape réalisée en début de chapitre
Outils utilisés : QQOQCP, diagramme causes-effet

MOBILISER DES CONNAISSANCES →

Mobilisation des connaissances utiles pour traiter le problème

↓

Étape réalisée lors des différentes activités des chapitres
À l'aide de textes, schémas, tableaux, photos, cas concrets...

PROPOSER DES SOLUTIONS →

Proposition des solutions pour résoudre le problème

↓

Étape réalisée lors des différentes activités

Outil 2 Le QQOQCP

Le QQOQCP est un outil utilisé lors de l'analyse de la situation.
Il sert à identifier les différents éléments de la situation afin d'en repérer la problématique.

Cet outil consiste à répondre aux questions :

- QUI ?
- QUOI ?
- OÙ ?
- QUAND ?
- COMMENT ?
- POURQUOI ?

- **Ces 6 questions ne sont pas abordées systématiquement** (elles sont adaptées en fonction du problème à analyser ; parfois, certaines questions ne s'y prêtent pas).
- Les questions sont déclinées en questions plus précises afin de **mieux identifier** les différents éléments de la situation.

Exemples :

Qui ? → De qui s'agit-il ?
Comment ? → Comment réagit-il face à cette situation ?
Pourquoi ? → Pourquoi doit-il réagir rapidement ?

La méthode QQOQCP se présente dans l'ouvrage sous la forme d'un tableau à compléter à partir d'une situation.

Exemple de situation :
Franck passe ses vacances d'été dans un camping après sa rupture avec sa petite amie. Comme il est triste, il boit de plus en plus d'alcool. Un jour, alors qu'il a beaucoup bu, Franck décide de prendre son véhicule pour sortir du camping et renverse un enfant qui courait chercher son ballon.

QUI ? Qui est concerné dans la situation ?	*Franck*
QUOI ? Quel est le thème ? De quoi s'agit-il ?	*La consommation d'alcool de Franck*
OÙ ? Où cette situation se produit-elle ?	*Dans un camping*
QUAND ? À quel moment a lieu cette situation ?	*Durant l'été*
COMMENT ? Comment ce problème est-il arrivé ?	*Franck boit trop depuis sa rupture avec sa petite amie.*
POURQUOI ? Pourquoi ce problème a-t-il pris une plus grande ampleur ? Pourquoi est-il important de le résoudre ?	*Franck a renversé un enfant.*

Une fois le tableau complété, l'identification et la formulation de la problématique sont plus simples.

Remarque : bien souvent, la question « Quoi ? » permet d'identifier le thème général et les autres questions de formuler la problématique dans sa globalité.

Problématique de l'exemple : *Comment réduire sa consommation d'alcool ?*

Outil 3 Le diagramme causes-effet

- **Le diagramme causes-effet est un outil utilisé lors de l'analyse d'une situation. Il sert à identifier les différents éléments de la situation et permet de repérer plus facilement la problématique de la situation.**

Cet outil consiste en une représentation graphique qui relie les causes et un effet :

– le point de départ est une flèche horizontale allant vers la droite en direction du problème posé : ce sera l'effet ;

– par la suite, il faut lister toutes les causes possibles liées à cet effet. Ces causes sont généralement regroupées par familles.

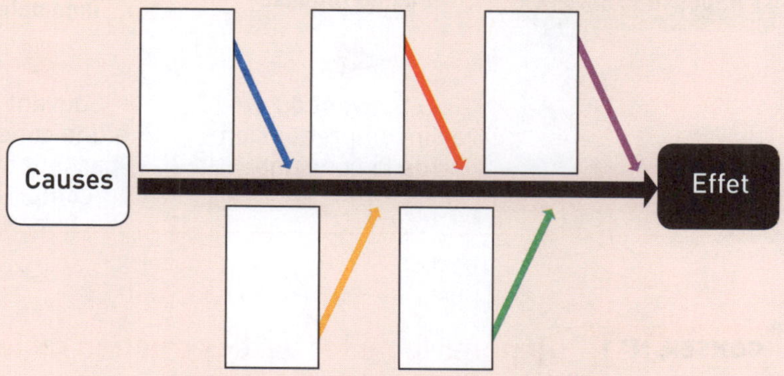

Exemple de situation :

Jérémy n'a pas reçu de formation lors de son premier jour dans l'entreprise qui vient de l'embaucher. Il s'est mis au travail sans savoir réellement comment s'y prendre. Ainsi, il n'a pas utilisé les équipements de protection mis à sa disposition. Son poste de travail était mal organisé et il ne disposait pas d'aide mécanique pour l'assister dans sa tâche. En fin de journée, alors qu'il essayait de faire au mieux, il a été victime d'un accident du travail.

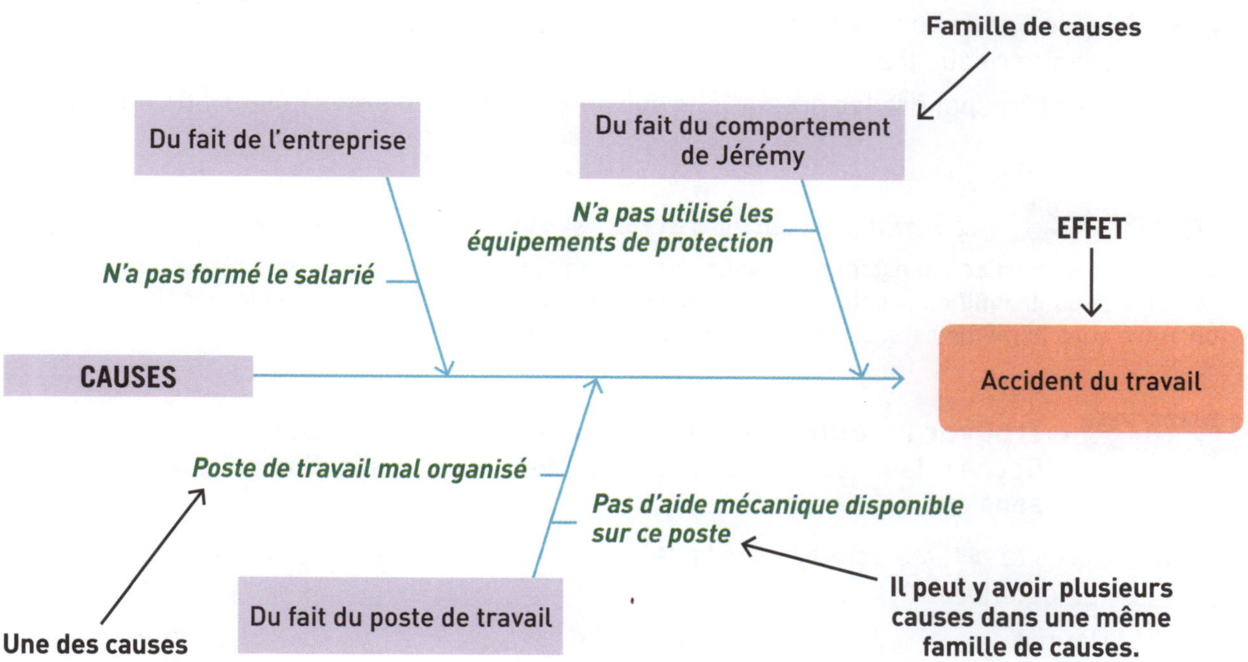

Une fois la représentation graphique complétée, la formulation de la problématique est plus simple car un lien a été fait entre les causes et l'effet (= le problème).

Problématique de l'exemple : *Comment éviter un accident du travail ?*

Méthode

Comprendre les consignes

Cette fiche méthode a pour but de vous aider à mieux comprendre les consignes, afin de réussir pleinement les exercices.

Lors de la réalisation d'un exercice, on retrouve quatre types de réponse :

Réponse exacte	Pas de réponse	Réponse incomplète	Mauvaise réponse
	Souvent dû à l'incompréhension de la consigne	Souvent dû à une consigne partiellement comprise	Souvent dû à une mauvaise compréhension de la consigne

CONSEIL N° 1 Repérer le ou les verbes d'action de la consigne

Dans chaque consigne, il est primordial de comprendre ce qu'il y a à faire. Pour cela, il faut trouver le verbe d'action. L'exercice 1 vous permet de vous y entraîner.

EXERCICE 1 Trouver le verbe d'action dans la consigne.

Souligner le ou les verbes d'action dans chacune des consignes suivantes :

1. Énumérer les constituants alimentaires du paquet de céréales.
2. À l'aide du DOC.D, donner le nom de la victime de l'accident du travail.
3. Indiquer le moyen de contraception que Jessica aurait dû prendre et justifier votre réponse.
4. À l'aide de vos connaissances, choisir un moyen de prévention adapté à chaque risque d'accident domestique.
5. Faire correspondre les prestations suivantes aux organismes qui les attribuent.

CONSEIL N° 2 Reformuler le verbe d'action si vous ne l'avez pas compris

Même si le verbe d'action est identifié dans une consigne, il est possible que vous n'ayez pas compris ce qu'il signifie. La solution est alors de reformuler ce verbe d'action en le remplaçant par un autre qui a le même sens. L'exercice 2 vous permet de vous y entraîner.

EXERCICE 2 Trouver un autre verbe d'action qui a le même sens.

Cocher, dans les 3 consignes suivantes, le verbe d'action qui a le même sens que celui en gras.

1. D'après le DOC.A, **citer** l'ensemble des éléments qui permet à l'organisme de se défendre.
   - ❑ Définir ❑ Décrire ❑ Énumérer
2. **Donner** le nom de l'organisme qui rembourse les frais de santé.
   - ❑ Différencier ❑ Nommer ❑ Expliquer
3. **Légender** le schéma suivant à l'aide des termes ci-dessous.
   - ❑ Compléter ❑ Citer ❑ Relier

Voici les verbes d'action que l'on retrouve le plus fréquemment :

compléter – indiquer – donner – réaliser – préciser – énumérer – classer – lire – observer – identifier – consulter – comparer – proposer – cocher – relier – justifier – numéroter – faire correspondre – décrire – expliquer – distinguer – citer – conclure – souligner – définir – choisir – rappeler – commenter – énumérer – entourer – surligner – calculer – répartir – nommer – répondre – recopier – rayer – replacer – composer

La plupart de ces verbes peuvent être répartis en plusieurs groupes :

Observer Lire Consulter	Vous devez **regarder quelque chose** (par exemple, un document) **avant de répondre à la consigne**.
Compléter Cocher Relier / Faire correspondre Numéroter Souligner Surligner Entourer Répondre Rayer Replacer	Vous devez **intervenir sur un document** (un texte, un schéma, un dessin, un tableau...). *Attention, dans ce groupe, l'intervention sur le document peut varier : entourer n'est pas relier.*
Comparer Justifier Expliquer Conclure Définir Réaliser Proposer Décrire Commenter Composer	Vous devez **interpréter** un document dans lequel les réponses sont déjà données. Ces verbes **font appel à votre compréhension du thème traité** ou à des données en votre possession.
Entourer Souligner Surligner	Vous devez **repérer un élément précis** sur un document et le mettre en valeur.
Indiquer Identifier Énumérer Rappeler Recopier Citer Donner Préciser	Vous devez **trouver une information** (généralement dans un document) et **la recopier**.

Si vous avez des difficultés à comprendre une consigne avec l'un de ces verbes, référez-vous à son groupe et/ou essayez de le remplacer par un autre verbe du même groupe afin de mieux comprendre la consigne.

D'autres verbes peuvent être utilisés, dont voici des synonymes :

– *classer / répartir : mettre dans l'ordre, ranger, répartir, trier... ;*
– *distinguer : différencier, caractériser... ;*
– *choisir : désigner, sélectionner, déterminer... ;*
– *calculer : chiffrer, estimer, évaluer, mesurer... ;*
– *nommer : donner le nom de...*

CONSEIL N° 3 **Repérer les mots-clés dans la consigne**

Dans une consigne, le verbe d'action est très souvent associé à un ou plusieurs mots-clés. En identifiant ce ou ces mots-clés, il sera plus simple de comprendre ce qui est demandé. L'exercice 3 vous permet de vous y entraîner.

EXERCICE 3 – Identifier les mots-clés dans une consigne.

Souligner les verbes d'action dans les consignes 1 à 5. Ensuite, surligner les mots-clés dans chacune d'entre elles.

1. Donner le nom des organes sur le schéma suivant à l'aide du DOC.D .
2. Souligner, dans le DOC.A , les moyens qui peuvent être utilisés pour éviter le gaspillage alimentaire.
3. Décrire le rôle du médecin traitant dans le parcours de soins coordonnés.
4. Identifier 4 accidents du travail possibles sur la photo suivante.
5. Décrire le chemin parcouru par la cellule-œuf dans les trompes utérines.

CONSEIL N° 4 **Reformuler la consigne**

Reformuler la consigne sert à vérifier qu'elle a été comprise. L'exercice 4 vous permet de vous y entraîner.

EXERCICE 4 – Donner une autre formulation de la consigne.

1. D'après le DOC.B , préciser les accidents de protection à mettre en place pour éviter un accident de travail.

....

....

2. Identifier sur l'étiquette les repères garantissant un achat écoresponsable.

....

....

3. Faire correspondre par des flèches chaque moyen de prévention au risque qui lui est associé.

....

....

4. Commenter, sur le DOC.C , la diminution d'efficacité des moyens de contraception d'urgence (pilule du lendemain), selon le jour de prise.

....

....

5. Classer, dans l'ordre, les différentes étapes de la reproduction.

....

....

Glossaire des notions clés

CHAPITRE 1 Le système de santé

Assurance maladie : branche de la Sécurité sociale qui couvre le risque maladie de ses bénéficiaires.

Capital santé : capital avec lequel on naît, qui est déterminé par des facteurs internes (liés à l'individu lui-même) et va être influencé par des facteurs externes (environnement, habitudes de vie…).

Parcours de soins coordonnés : parcours imposé par l'Assurance Maladie qui demande de désigner un médecin traitant de son choix avant de consulter un autre spécialiste pour pouvoir bénéficier d'un remboursement à taux plein.

Plan santé : programme établi par l'État sur plusieurs années (généralement 5 ans), qui vise à mieux protéger la santé des individus, notamment en informant le public et en mettant en place des actions de prévention.

Santé : état de complet bien-être physique, mental et social, qui ne consiste pas seulement en l'absence de maladie ou d'infirmité.

Solidarité : principe au cœur du fonctionnement de la Sécurité sociale qui consiste, par le biais des cotisations, en l'assistance mutuelle au sein d'une génération et entre les différentes générations.

CHAPITRE 2 Les rythmes biologiques - le sommeil

Compte professionnel de prévention : compte alimenté en fonction des facteurs de risque auxquels un salarié peut être exposé et qui permet notamment d'obtenir une formation professionnelle pour s'orienter vers un emploi pas ou moins exposé, de passer à temps partiel, tout en conservant sa rémunération totale, ou encore de partir plus tôt à la retraite.

Cycle de sommeil : période composée de 2 grandes phases : le sommeil lent et le sommeil paradoxal. Chaque nuit est composée de plusieurs cycles de 90 minutes environ.

Fréquence d'un rythme biologique : intervalle de temps entre lequel un rythme biologique se produit de nouveau. Un rythme biologique peut être circadien (= 24 heures), infradien (> 24 heures) ou ultradien (< 24 heures).

Horloge biologique : élément de l'organisme qui permet un certain nombre de réactions biologiques régulées par cycles. Elle contrôle les rythmes biologiques et son centre se situe au niveau du cerveau.

Phases du sommeil : états successifs du sommeil. On parle de phases pour nommer les étapes qui constituent un cycle de sommeil.

Récupération mentale : permet au cerveau de récupérer psychologiquement. Elle est permise par le sommeil paradoxal.

Récupération physique : permet au corps de récupérer, de se « régénérer ». Elle est permise par le sommeil lent.

Rythme biologique : variations régulières du fonctionnement de l'organisme qui se répètent dans le temps.

Rythme social : rythme établi par notre vie sociale et professionnelle.

CHAPITRE 3 L'activité physique

Activité physique : tout mouvement corporel produit par les muscles squelettiques qui entraîne une dépense énergétique.

Contractilité : propriété que possèdent certains tissus musculaires de se contracter.

Élasticité : propriété que possèdent certains tissus musculaires de reprendre (au moins partiellement) leur forme et leur volume initial quand la force qui s'exerçait sur eux cesse d'agir.

Excitabilité : propriété que possèdent certains tissus musculaires de réagir à une stimulation en se contractant.

Muscle strié squelettique : muscle fixé au squelette par l'intermédiaire des tendons et qui permet le mouvement grâce sa contraction.

Rythme cardiaque : correspond au nombre de battements du cœur par unité de temps.

Glossaire des notions clés

Rythme respiratoire : correspond à la quantité de cycles respiratoires (inspiration + expiration) par unité de temps.

Sédentarité : activité physique faible ou nulle avec une très faible dépense d'énergie.

Thermorégulation : mécanisme régulateur par lequel la température interne du corps reste constante.

Tonicité : propriété que possèdent certains tissus musculaires à être dans un état de tension même au repos (pour maintenir la posture = tonus musculaire).

CHAPITRE 4 – Les addictions

Addiction : dépendance d'un individu à une substance ou une activité qui lui procure du plaisir en dépit de la connaissance des conséquences négatives.

Circuit de la récompense : zone du cerveau responsable de fortes sensations de plaisir et de satisfaction, qui a pour fonction de favoriser les comportements comme boire et manger (fonctions vitales).

Dépendance : état psychologique et/ou physique qui se manifeste par un besoin irrépressible et répété de consommer un produit.

Facteurs de risque addictif : facteurs qui peuvent conduire à une addiction. Ils peuvent être liés aux produits (ou à l'activité), à la vulnérabilité de l'individu et à l'environnement, notamment social.

Message nerveux : message transmis par l'intermédiaire des nerfs.

Neurotransmetteur : messager qui assure la transmission du message nerveux au niveau des synapses entre 2 neurones.

Polyconsommation : consommation d'au moins 2 produits psychoactifs.

Prévention : ensemble de mesures pour empêcher l'apparition ou l'aggravation d'un risque déterminé.

Produit illicite : produit interdit par la loi.

Produit licite : produit autorisé par la loi.

Répression : action de sanctionner.

Substance psychoactive : substance qui agit sur le cerveau et modifie le comportement (ex. : le tabac, l'alcool, le cannabis).

Synapse : région de contact entre 2 neurones.

CHAPITRE 5 – La sexualité - la contraception

Contraception d'urgence : contraception de rattrapage à utiliser après un rapport sexuel à risque pour éviter une grossesse non désirée.

Contraception préventive : moyens de contraception à utiliser avant un rapport sexuel à risque afin d'éviter une grossesse non désirée.

Contrôle hormonal : contrôle par des hormones qui régulent un cycle.

Cycle ovarien : cycle qui correspond à la fabrication d'un ovule par un ovaire.

Fécondation : fusion entre un ovule et un spermatozoïde.

Gamète femelle : cellule reproductrice de la femme (= l'ovule).

Gamète mâle : cellule reproductrice de l'homme (= le spermatozoïde).

IVG : interruption volontaire de grossesse.

Nidation : implantation de l'embryon dans la paroi de l'utérus.

Puberté : ensemble des modifications qui se produisent lors du passage de l'enfance à l'adolescence.

Récepteur spécifique hormonal : récepteur spécifique situé sur des cellules cibles sur lesquelles se fixent des hormones et qui déclenchent des réactions lors de cette fixation.

CHAPITRE 6 – L'alimentation écoresponsable

Agriculture biologique (AB) : label qui garantit un mode de production n'utilisant ni produits chimiques ni pesticides de synthèse, et fondé sur le recyclage des matières organiques.

Glossaire des notions clés

Agriculture raisonnée : système de production agricole dans lequel l'agriculteur cherche à concilier les exigences de la production et le respect de l'environnement.

Attitude écoresponsable : se dit du comportement d'un consommateur qui prend en compte le respect de l'environnement, l'aspect économique et l'aspect social des produits qu'il achète afin de garantir un développement respectueux des générations futures.

Circuit court : circuit dans lequel intervient au maximum un intermédiaire entre le producteur et le consommateur.

Déchet recyclable : déchet que l'on peut réintroduire dans un cycle de production d'un produit ou de matériaux.

Développement durable : développement répondant aux besoins des générations actuelles tout en préservant les ressources pour les générations futures. Il s'appuie sur un pilier environnemental, un pilier social et un pilier économique.

Label : repère traduisant le respect d'un cahier des charges.

Pollution : dégradation ou altération de l'environnement, liée en général à l'activité humaine.

Saisonnalité : respecter la saisonnalité d'un produit consiste à le consommer quand il arrive naturellement à maturité dans sa zone de production.

Surconsommation : fait de consommer plus que ce dont on a besoin.

CHAPITRE 7 Les risques majeurs

Aléa : événement violent et exceptionnel.

Enjeu : secteur présentant une vulnérabilité.

Risque majeur : risque qui se caractérise par une faible fréquence et une gravité exceptionnelle.

Risque naturel : risque majeur du fait de la nature.

Risque technologique : risque majeur du fait de l'activité humaine.

Signal d'alerte aux populations : signal qui prévient la population de la survenue d'un risque majeur.

CHAPITRE 8 Les enjeux de la « santé et sécurité au travail »

Accident du travail : accident survenu par le fait ou à l'occasion du travail. Contrairement à la maladie professionnelle, il présente un caractère brusque et soudain.

Lésion : altération d'un tissu, d'un organe.

Maladie professionnelle : maladie qui est la conséquence de l'exposition plus ou moins prolongée à un risque (on parle d'exposition chronique) physique, chimique ou biologique, qui existe lors de l'exercice habituel de la profession. Contrairement à l'accident du travail, la maladie professionnelle résulte d'une action lente et prolongée.

Nouvel embauché : est considérée comme nouvel embauché tout personne qui intègre une entreprise ou change de poste, ou qui est en reprise de poste après arrêt de plus de 21 jours.

CHAPITRE 9 Les notions de base en prévention des risques professionnels

Activité de travail : ensemble de tâches réalisées par un ou plusieurs salariés dans leur travail.

Danger : facteur capable de provoquer une lésion ou une atteinte de la santé.

Dommage potentiel : lésion ou atteinte possible de la santé.

Familles de risques : classement des risques professionnels sous forme de groupes associés.

Risques professionnels : ensemble de risques liés à la pratique d'un métier ou à un secteur professionnel.

Situation dangereuse : situation dans laquelle une personne est exposée à un ou plusieurs dangers.

Crédits photographiques

Sauf précision contraire, les images sont © stock.adobe.com.

Couverture : Drobot Dean

p. 5 : Jenny Sturm ; **p. 7** haut : golubovy ; bas : manipulateur ; **p. 8 :** Rido ; **p. 10,** de haut en bas et de gauche à droite : elenabsl, naum, Showcaze, Good Studio ; **p. 12,** de haut en bas : Africa Studio, Iryna, Drobot Dean, travelview, plprod ; **p. 13 :** fosupaksorn ; **p. 15 :** Thomas Leonhardy ; **p. 17 :** Sabphoto ; **p. 23,** de haut en bas : OceanProd, auremar, deagreez ; **p. 29 :** Rawpixel.com ; **p. 30** haut : matis75 ; bas : Rawpixel.com ; **p. 31 :** tigatelu ; **p. 34 :** studioloco ; **p. 36** haut : MicroOne ; bas : sharplaninac ; **p. 37** haut : scusi ; bas : Rawpixel.com ; **p. 38 :** Salome ; **p. 38** gauche : anton91815 ; droite : VectorMine ; **p. 40 :** Pyzhova ; **p. 41 :** Nomad_Soul ; **p. 42 :** lapencia ; **p. 44 :** bas, gauche : designua ; bas, droite : nobeastsofierce ; **p. 45,** de gauche à droite : Jacob Lund ; Arsha ; Jacob Lund ; **p. 46 :** Николай Григорьев ; **p. 47,** de haut en bas : Olivier-Tuffé ; carballo ; konstantant ; **p. 48 :** B. BOISSONNET / BSIP ; **p. 49,** de haut en bas et de gauche à droite : asadykov, Archer7, Mariyana M, stas111 ; **p. 50 :** lapencia ; **p. 52** gauche : metelsky25 ; droite : Vector Tradition ; **p. 60** de haut en bas : Dominique VERNIER ; RFBSIP ; RFBSIP ; StockPhotosArt ; **p. 61** de haut en bas : Aaron Amat ; Cookie Studio ; **p. 63** gauche : Denchik ; droite : megaflopp ; **p. 64 :** STUDIO GRAND WEB ; **p. 65 :** Valerii Honcharuk ; **p. 68 :** © photographee.eu/shutterstock ; Image Point Fr/shutterstock ; daizuoxin/shutterstock ; **p. 70 :** Brad Pict ; **p. 72 :** oleh11, Tim UR, margo555, Anna Kucherova, Brad Pict, sarawutk, Brad Pict, Anna Kucherova ; **p. 75 :** ead72 ; **p. 77 :** fullempty ; **p. 78 :** Brad Pict ; **p. 81 :** Satoshi Kina ; **p. 83,** de haut en bas : la source de l'info, JEAN-PIERRE AMET / REUTERS, AlcelVision, Diegomartin ; **p. 85 :** Trueffelpix ; **p. 89 :** Lulu Berlu ; **p. 93 :** Halfpoint ; **p. 94 :** WavebreakmediaMicro ; **p. 96** haut : Rob Orf ; bas : highwaystarz ; **p. 97,** de haut en bas : Daisy Daisy ; David Pereiras ; vacancylizm ; Studio Gi ; 将也 石本 ; Hans-Peter Reichartz ; **p. 98 :** tverdohlib ; **p. 99,** de haut en bas : weerasak ; mewaji ; Onidji ; **p. 100 :** ehrenberg-bilder ; **p. 101 :** golubovy ; **p. 105 :** Halfpoint ; **p. 106 :** © Nerthuz/shutterstock ; **p. 109,** haut gauche : Grispb ; haut droite : romaset ; bas gauche : Andrey Popov ; bas droite : Tricky Shark ; **p. 111 :** Budimir Jevtic ; **p. 113,** de haut en bas : Tricky Shark, highwaystarz, liliya kulianionak, auremar.

Infographies et dessins

Alexandre Leguedey : p. 6, 13, 21, 24, 32, 33, 44, 53, 62, 69, 103 ; **Artur Rainho :** p. 82 ; **Benoît T. :** p. 45 ; **Christophe Vallée :** p. 19, 21, 22, 27, 34, 35, 87, 91 ; **Corédoc :** p. 54, 55, 57, 58, 59, 60 ; **Pierre Bourcier :** p. 67, 108, 110, 115, 116.

MIXTE
Papier issu de sources responsables
FSC® C022030

N° projet : 10254502 - Dépôt légal : Septembre 2019
Achevé d'imprimer en Italie par L.E.G.O. S.p. A., Lavis (TN)